80 Impulse für Achtsamkeit und Wertschätzung in der Kita

Spiele, Übungen und Rituale für Kleine und Große

Katrin Weitzer

Verlag an der Ruhr

Impressum

Titel
80 Impulse für Achtsamkeit und Wertschätzung in der Kita
Spiele, Übungen und Rituale für Kleine und Große

Autorin
Katrin Weitzer

Titelbildmotiv
© chrisberic – Fotolia.com (Mädchen), © ultramarin (Hintergrund)

Illustrationen
Petra Lefin

Druck
Media Print Informationstechnologie GmbH, Paderborn, DE

Verlag an der Ruhr
Mülheim an der Ruhr
www.verlagruhr.de

Für 3–99 Jahre

ISBN 978-3-8346-3667-6

Inhaltsverzeichnis

Vorwort 5

1 ACHTSAMKEIT MIT KINDERN ÜBEN 7

Mit Kindern die Stille wahrnehmen 8
Endlos-Legebild 9
Energiespaziergang 10
Wie oft plätschert es? 11
Woher kommt der Kuckucksruf? 12
Kerzenmeditation 13
Geheimnisse fühlen 14
Sonnen-Bauchatmung 15
Windbrise 17
Geräuschloses Serviertablett 18
Es ist fein, ein Faultier zu sein! 19
Schritt vor Schritt 20
Momentaufnahmen 21
Wege legen 22
Tier-Imitationskarten 23
Tier-Imitationskarten – Bildkarten 25
Wortloses Memo 26
Wühl-Fühl-Memo 27

Über Bewegung und Entspannung zum Körperbewusstsein 28
Sonnen–Meditationsübung 29
Sanfter Schmetterlingsflug 30
Maulwurfgänge 31
Achtung, Ampelregelung! 32
Dem Federflug folgen 33
Stille Ansage 34
Im Tiergarten 35
Im Tiergarten – Bildkarten 36
Blitz und Donner 37
Gegensätze finden 38
Enge Tunnel 39

Achtsamkeit erfahren bei Gruppen- und Partnerspielen 40
Wahrnehmungskreis 41
Finde deinen Bewegungspartner! 42
Blinde Partnerberührung 43
Klopfsteine 44
Herzhaft umrahmen 45
Liebesbrief an Freunde 46
Backofenmassage 47
Rollmassage 48
Streichelrunde 49
Wunsch-Sternschnuppen 50
Wer ist hinter mir? 51
Fingerspitzengefühl 52
Ein spezieller Freunde-Gruß 53

Achtsame Worte zum gezielten Wahrnehmen 54
Der Komplimente-Sammelsack 55
Der „Spann-mal-an"-Entspannungsspruch 56
Berühren und den Körper spüren 57
Mit offenen Augen durch die Welt 58
Mit Händen und Füßen 59
Sanft und leise 60
Ich bin mal ganz still 61
Die Eule, die schöne Dinge sah 62
Der Rüttel-Schüttel-Partnerspruch 64
Sinnliche Reise durch den Körper 65
Die Schni-Schna-Schnecke 67

Kreative Besinnungszeit zum In-sich-Kehren 68
Mein Zauberwechselbild 69
Lieblingsfarben-Collage 70
Freudige Gedanken 71
Lichtblick-Fenster 72
Meditative Steinbilder 73
Das bin ich und ich bin schön! 74
Naturgetreue Drucke 75
Halbe Sachen zum Weitermachen 76
Meine Sinnesschatzkiste 77
Blinde Fingerfarbenkünstler 78
Lichtstrahlmalerei 79

2 ACHTSAME HALTUNG UNTER ERWACHSENEN 81

Verbindende Impulse für die Erziehungspartnerschaft mit den Eltern 82
Der Genuss-Vormittag 83
Werte- und Bedürfnis-Liste 84
Rück- und Einblicke 85
Positive Kurzberichte 86
Ein Familienritual in der Kita 87
Die Impuls-Pinnwand 88
Energiegedanke an mein Kind 89

Wertschätzende Impulse für das Kita-Team 90
Das ABC der guten Kooperation 91
Der Team-Schatz 92
Wohlbefindens-Check zwischendurch 93
Abwechslung tut gut! 94
Zusammenarbeit versüßen 95
Mit Freude in den Tag starten 96
Energie- und Ermutigungskarten 97

Kraftspendende Momente für mich 98
Mein persönlicher Stärken-Tag 99
Das ist mir wirklich gut gelungen 100
Gedankenkurzurlaub 101
Wassertrinkpause 102
Mein persönliches Energiesymbol 103

Vorwort

„Wachsam den Moment genießen!" – klingt einfach, doch leider lässt der Alltag die scheinbar leichte Umsetzung nicht immer zu. Nicht selten wird der Tag von stressigem Treiben und **Schnelllebigkeit** bestimmt. Häufig bleibt zu wenig Zeit, um den Moment als solchen wertfrei und wachsam mit allen Sinnen wahrzunehmen, sich im Hier und Jetzt angekommen zu fühlen und diesen bewusst zu erleben. Gerade auch für Kinder ist es besonders wichtig, Zeit zum bewussten, achtsamen, sinnlichen Erleben und Entdecken zu haben und sich dabei als wichtigen Bestandteil des gegenwärtigen Daseins zu fühlen.

Dr. Jon Kabat-Zinn unterrichtet Achtsamkeitsmeditation und definiert den Begriff **Achtsamkeit** als die Art der Aufmerksamkeit, die Klarheit und Akzeptanz des Moments fördert. Die **völlige Gegenwärtigkeit in den einzelnen Augenblicken des Lebens** lässt uns das Wertvolle an unserem Leben erkennen und zeigt unsere Möglichkeiten des Wachstums und der Veränderung auf.

Achtsamkeitsmeditation zeichnet sich aus durch Nicht-Streben oder -Beurteilen, Geduld, (Selbst-)Akzeptanz, Selbstkompetenz und Vertrauen sowie Bereitschaft zur Entdeckung von Neuem. Um achtsam zu sein, muss man aber keine Meditation durchführen. Achtsam kann man immer sein: In der Ausführung unterschiedlicher Alltagshandlungen, in der Begegnung und im Gespräch mit unseren Mitmenschen und natürlich im Umgang mit sich selbst.

Dieses Buch möchte alle Personen*, die in enger Zusammenarbeit am Entwicklungsprozess der Kinder beteiligt sind, ermutigen, Achtsamkeit bewusst in den Alltag zu integrieren. Das Buch ist in zwei Teile gegliedert. Im **ersten Teil** entdecken Sie **praktische Impulse**, Spiele und Übungen für Achtsamkeit in der **Arbeit mit Kindern**. Der **zweite Teil** bezieht sich auf eine achtsame, wertschätzende Haltung in der **Erziehungspartnerschaft mit Eltern, dem Kita-Team** bzw. dem Team der jeweiligen Gruppe und beinhaltet Tipps für einen rücksichtsvollen Umgang mit sich selbst.

---

* Im Verlauf des Buches sind in diesem Sinne auch immer alle Personen gemeint, auch wenn aus Gründen der Einfachheit nur die weibliche Form abgedruckt ist.

Ich wünsche Ihnen viele Anregungen, die Sie dazu inspirieren, sich und den Ihnen anvertrauten Kindern Zeit zu geben: Zeit zum Genießen, Zeit zum Entwickeln, Zeit zum Staunen, Zeit zum Beobachten – oder ganz einfach: Zeit zum Leben!

Für meine lieben Kinder Elisa und Julian

Vielen Dank für die vielen wunderschönen gemeinsamen Momente, die mein Leben bereichern.

In Liebe
Eure Mama

1 ACHTSAMKEIT MIT KINDERN ÜBEN

Mit Kindern die Stille wahrnehmen

Unsere Welt ist schön, doch manchmal auch sehr laut. Sehr oft sind wir im Alltag von Geräuschquellen unterschiedlichster Art umgeben. Kinder haben dafür ein noch sensibleres Empfinden als Erwachsene, fühlen sich durch die vielen akustischen Reize häufig überfordert.
Unser Körper benötigt zwischendurch jedoch dringend Auszeiten und Ruhepausen. Studien haben gezeigt, dass sich permanenter Lärm negativ auf unsere Gesundheit auswirken kann. Deshalb ist es unabdingbar, zwischen dem lauten Treiben Orte und Momente der Ruhe und Stille für die Kinder zu schaffen. Denn dadurch haben Körper und Geist erst die Möglichkeit, sich auszuruhen und Kraft für etwas Neues zu tanken.
Besonders die Kita stellt einen Ort dar, der tagtäglich eine intensive Geräuschkulisse bietet. Unterschiedliche Geräuschquellen prasseln ständig auf die Kinder ein. Dies erschwert es, konzentriert und aufmerksam zu sein.
Deshalb ist es wichtig, die Kinder zwischendurch gezielt aus dem lauten Umfeld herauszuholen.
Im folgenden Kapitel entdecken Sie einfache Impulse, die rasch, ohne großen Vorbereitungsaufwand umgesetzt sind und eine bewusste Entspannung bei den Kindern herbeiführen, in der sie Stille auf eine ganz besondere Weise erleben können.
Das aktive Einbeziehen der Sinne spielt dabei eine wichtige Rolle. Auch wenn die Angebote einfach erscheinen, bestimmt werden Sie bald schon merken, wie groß die Wirkung ist, wenn man sie gemeinsam mit den Kindern auf achtsame, gezielt temporeduzierte Weise durchführt.
Geben Sie sich und Ihren Kindern Zeit, um in die Stille zu hören oder zu sehen und diese zu genießen!

Endlos-Legebild

Material: großes Wollknäuel

Gruppenstärke: 4–6 Kinder

Dauer: ca. 40 Minuten

Alter: 5–6 Jahre

Ziel: Förderung der Konzentration und Kreativität; zur Ruhe kommen

So geht's:

Hier entstehen gemeinschaftliche Endlos-Legebilder.

Die Kinder setzen sich in einen Kreis. Geben Sie einem Kind das Wollknäuel und zeigen Sie ihm, wie es mit dem Anfang der Wollschnur ein beliebiges Motiv legen kann. Danach gibt das Kind das Wollknäuel ganz vorsichtig an das nächste Kind weiter, ohne dabei das erste Bild zu zerstören. Das nächste Kind legt erneut ein beliebiges Motiv usw.

Haben alle Kinder ein Bild aus der einen Wollschnur gelegt, betrachten die Kinder jedes einzelne Legekunstwerk. Wer möchte, kann zu seinem Legebild etwas erzählen. Wird der Wollfaden wieder aufgerollt, passiert dies langsam und jeder Künstler lässt sein Bild auch selbst wieder „verschwinden".

Energiespaziergang

Material: Fotokamera

Gruppenstärke: Gesamtgruppe

Dauer: ca. 1 Stunde

Alter: 4–6 Jahre

Ziel: wachsam durch die Welt gehen; sich an der Schönheit der Natur erfreuen; achtsamen Umgang mit der Natur schulen; die Natur und ihren Lebensraum achten

So geht's:

Dieser Spaziergang bringt Energie und hinterlässt schöne, kraftspendende Eindrücke bei den Kindern! Vorab erklären Sie, dass der folgende Spaziergang deshalb so besonders ist, weil er den Kindern Energie und bleibende, schöne Eindrücke schenken soll. Beim Spazieren hat jedes Kind die Aufgabe, mit offenen und wachsamen Augen durch die Welt zu gehen und dabei einen besonderen Natureindruck einzufangen, der für es selbst einzigartig schön und energiebringend ist. Wer das schöne Bild nicht nur in seinen Gedanken behalten möchte, kann mit einer Fotokamera ein Foto seines ganz individuellen Lieblingsnaturbildes machen. So kann zum Beispiel ein Baum, den man beim Spaziergang besonders schön findet, das kraftspendende Energiebild darstellen. Oder ein Schmetterling, eine Blume, ein besonderer Stein oder Ähnliches.

Der Blick auf die Schönheit der Natur muss geübt werden. Sie können dies unterstützen, indem Sie die Kinder immer wieder zum In-die-Natur-Blicken und Bewundern ermutigen. Dies setzt langsames, ruhiges Spazieren voraus. Wichtig dabei ist auch, jedem individuellen Eindruck der Kinder wertfrei, interessiert und achtsam zu begegnen.

Wie oft plätschert es?

Material: größeres Keramikbehältnis gefüllt mit Wasser; mehrere mittelgroße Kieselsteine; Augenbinden oder Tücher für alle Kinder; Glöckchen

Gruppenstärke: 2–8 Kinder

Dauer: ca. 20 Minuten

Alter: 4–6 Jahre

Ziel: Konzentration fördern; Schulung der akustischen Wahrnehmung; Ruhe erleben

Vorbereitung:

Stellen Sie in einem ruhigen Raum auf einem Teppich eine Keramik- oder Glasschüssel, gefüllt mit Wasser, sowie ein paar mittelgroße Kieselsteine bereit.

So geht's:

Es ist ratsam, dieses Angebot mit einer Kleingruppe durchzuführen, damit die Kinder im kleinsten, ruhigen Rahmen die Möglichkeit haben, ihr Gehör auf das bloße Plätschern der Steine zu richten und dabei nicht abgelenkt zu sein.

Ermutigen Sie die Kinder, heute einmal genau hinzuhören. Demonstrieren Sie ihnen vorab, wie es sich anhört, wenn ein Stein ins Wasser plumpst: Man hört ein sanftes Plätschern.

Erklären Sie den Kindern, dass sie sich nun auf dieses Plätschern konzentrieren und bewusst wahrnehmen sollen, wie oft sie es hintereinander hören. Das Ende gibt das Läuten des Glöckchens an.

Dafür verbinden Sie einem Kind anschließend mit einer Augenbinde oder einem Tuch die Augen. Danach nehmen Sie ganz leise einen Stein und lassen diesen vorsichtig in die Schüssel plumpsen. Es können danach beliebig viele weitere Steine folgen. Das Kind, welches die Augen verbunden hat, hört genau hin und zählt, wie viele Steine in der Schüssel gelandet sind und wie oft es das Plätschern wahrgenommen hat, bis das Endsignal, das Glöckchen, geläutet hat.

Woher kommt der Kuckucksruf?

Material: –

Gruppenstärke: 8–10 Kinder

Dauer: ca. 20 Minuten

Alter: 4–6 Jahre

Ziel: Förderung der Konzentration und des Orientierungssinnes; Konzentration auf die akustische Wahrnehmung

So geht's:

Für diese Übung brauchen die Kinder ein wachsames Gehör und einen guten Orientierungssinn. Die Kinder sitzen im Sitzkreis. Ein Kind sitzt in der Mitte und hält die Augen geschlossen. Ein weiteres Kind wird zum Kuckuck bestimmt und stellt sich in eine beliebige Ecke im Raum. Von dort aus gibt es immer wieder Kuckucksrufe von sich.

Das Kind, das seine Augen geschlossen hält, hört genau hin und wenn es sicher ist, aus welcher Richtung der Ruf kommt, zeigt es mit dem Zeigefinger in diese Richtung und öffnet danach zur Selbstkontrolle die Augen.

Kerzenmeditation

Material: Teelichter; Untertassen; Gläser, die über die Teelichter passen; Brandschutzdecke oder Krug mit Wasser; Streichhölzer

Gruppenstärke: 4–6 Kinder

Dauer: ca. 25 Minuten

Alter: 5–6 Jahre

Ziel: bewusstes Erleben von Stille; sich Zeit zum bewussten Beobachten nehmen

So geht's:

Führen Sie das Angebot in einem ruhigen Raum durch, abgeschottet vom Gruppengeschehen. Die Kinder sitzen im Kreis. Vor jedem Kind stehen ein Teelicht und ein kleines Glas. Erklären Sie den Kindern, dass Sie heute mit ihnen das Feuer und die Kerze bewusst wahrnehmen möchten. Wichtig ist, dass die Kinder mit dem Feuer vorsichtig und behutsam umgehen. Lassen Sie zur Sicherheit eine Brandschutzdecke bzw. einen Wasserkrug in Ihrer Nähe. Gehen Sie nun langsam von Kind zu Kind und entzünden Sie mit dem Streichholz die Kerze. Die Kinder sehen dem Feuer vorerst nur zu und nehmen das flackernde Licht bewusst wahr. Dabei ist es ruhig. Nach einiger Zeit versuchen die Kinder, vorsichtig und mit ausreichend Abstand, zu spüren, welche Wärme von ihrem Feuer ausgeht. Dazu halten sie die Handfläche mit genügend Abstand über die Flamme. Regen Sie die Kinder nun dazu an, die Flamme erneut genau zu beobachten. Die Kinder können zwischendurch die Augen schließen und sich die Flamme auch vorstellen oder die Flamme abwechselnd mit einem geschlossenen Auge betrachten. Nach der intensiven Flammenbeobachtung nimmt jedes Kind ein Glas zur Hand und stellt dieses umgedreht über die Kerze. Die Kinder beobachten zuletzt, wie das Flammenlicht langsam erlischt.

Achten Sie darauf, dass Kinder mit längeren Haaren diese im Vorfeld mit einem Haargummi zurückbinden.

Geheimnisse fühlen

Material: kleine Materialien, die gut in Kinderhände passen (z. B. ein kleiner Stein, ein ausgestanztes Motiv aus Fotokarton, eine kleine Muschel)

Gruppenstärke: 6–8 Kinder

Dauer: ca. 25 Minuten

Alter: 4–6 Jahre

Ziel: bewusstes Fühlen; Erleben von Stille; Konzentration

So geht's:

Bei dieser Übung werden die Kinder dazu angeregt, ihr Geheimnis achtsam, völlig still zu hüten und sich dabei vor allem auf ihren Tastsinn zu konzentrieren. Erzählen Sie den Kindern, dass sie heute geheime, kleine Gegenstände von einem zum anderen wandern lassen. Die Kinder reichen ihr Geheimnis wortlos so an das nächste Kind weiter, dass niemand es sehen kann. Dafür sitzen die Kinder im Kreis und formen die Hand zu einer möglichst geschlossenen Schale. Sie halten einen Gegenstand, zum Beispiel einen Stein, in der Hand und reichen diesen an das nächste Kind leise und behutsam weiter. Niemand kann das Geheimnis sehen. Effektiver ist die Übung, wenn das Kind, welchem das Geheimnis überreicht wird, dabei die Augen schließt. Danach soll das Kind, welches den Gegenstand in der Hand hält, diesen für einen Augenblick bewusst spüren und sich in Gedanken ein Bild davon ausmalen. Was kann das sein? Wie sieht es aus?

Hat der Gegenstand das letzte Kind erreicht, kann das Geheimnis sichtbar gemacht und gelüftet werden. Nun kann ein neuer Gegenstand herumgegeben werden.

In meiner Hand befindet sich ein Geheimnis!

Sonnen-Bauchatmung

Material: pro Kind ein runder, gelber Filzkreis (Durchmesser ca. 10 cm); eine Kerze in einer Schale als schöner Mittelpunkt; Decken oder Matten

Gruppenstärke: 4 Kinder

Dauer: ca. 15 Minuten

Alter: 4–6 Jahre

Ziel: bewusste und entspannte Bauchatmung; Ruhe und Konzentration erleben

Vorbereitung:

Schneiden Sie genügend Filzkreise zurecht, dass Ihnen für jedes Kind einer zur Verfügung steht. Schaffen Sie im Vorfeld einen ruhigen Rahmen – wählen Sie einen Ort der Ruhe aus. Bereiten Sie dort Matten oder Decken am Boden vor. Stellen Sie in die Mitte eine schöne, gut geschützte Kerze.

So geht's:

Die gezielte Bauchatmung stellt eine natürliche Form der Lungenbelüftung dar und hat nebenbei einen großen Entspannungseffekt. Damit die Kinder diese Technik bewusst ausführen können, ist es hilfreich, ihnen einen Anhaltspunkt zu geben, welcher ihnen das gezielte In-den-Bauch-Atmen erleichtert. Geben Sie dafür jedem Kind einen kleinen Sonnenkreis (gelber Filzkreis). Die Kinder legen sich mit dem Rücken auf die vorbereiteten Matten oder Decken. Der Sonnenkreis wird auf den Bauch gelegt. Wer möchte, kann auch die Augen schließen. Leiten Sie nun mit ruhiger Stimme die Atemübung an, zum Beispiel so:
„Wir wollen unserem Körper nun Gutes tun und einmal ganz bewusst Sonnenenergie über eine richtige Atmung tanken. Dabei legen wir eine Hand auf unseren Sonnenkreis. Durch die Nase saugen wir die frische Luft in unseren Körper. Sie strömt bis zum Bauch. Wir können das auch spüren, denn unser Bauch hebt sich dabei. Der Sonnenkreis wandert hinauf. Wir spüren, dass wir nun

ganz viel Luft in uns tragen. Danach lassen wir die Luft aus unserem Körper wieder durch den Mund hinausströmen. Wir merken, dass der Sonnenpunkt wieder nach unten wandert. Das hat gutgetan ...".

Diese Übung wird einige Male wiederholt. Lassen Sie den Kindern nach der Atemübung Zeit, um zu ihrer normalen Atmung zu finden und sich danach langsam, in ihrem Tempo wieder aufzusetzen. Reflektieren Sie mit den Kindern, wie es ihnen bei der Atemübung ergangen ist.

Windbrise

Material: Fächer (aus Papier selbst herstellen)

Gruppenstärke: 4–6 Kinder

Dauer: ca. 25 Minuten

Alter: 4–6 Jahre

Ziel: Konzentration und Körperbewusstsein schulen; Entdecken kreativer Körperpositionen

So geht's:

Bei diesem Spiel sind die Konzentration, Kreativität und Körperkoordination der Kinder besonders gefragt. Die Kinder nehmen am Anfang ganz gezielt eine bestimmte Position ein. Dies kann sitzend, stehend, liegend, hockend etc. sein. Ein Kind erhält den Fächer und bewegt sich mit diesem von Kind zu Kind. Mit dem Fächer weht es jedem Kind der Reihe nach eine Windbrise zu. Das Kind, welches die Windbrise gerade spürt, ändert seine Position, zum Beispiel vom Liegen zum Stehen. In dieser Position verweilt es so lange möglichst regungslos, bis die nächste Windbrise folgt.

Wer kann viele unterschiedliche Körperhaltungen entdecken und die Windbrise regungslos erwarten?

Diese Windbrise bringt Veränderung mit sich!

Geräuschloses Serviertablett

Material: Spiel- oder Alltagsmaterialien, die für gewöhnlich Geräusche erzeugen, wenn man damit spielt (z. B. Bauklötze, Besteck, Teller oder allgemein Geschirr, Gläser …); 2 Edelstahl-Tabletts

Gruppenstärke: 4 Kinder

Dauer: ca. 25 Minuten

Alter: 4–6 Jahre

Ziel: gezielte Achtsamkeit im Umgang mit Materialien; Konzentration

Vorbereitung:

Bereiten Sie in einem ruhigen Raum einen Korb mit den angeführten Spiel- oder Alltagsmaterialien sowie die Edelstahl-Tabletts vor.

So geht's:

Lassen Sie die Kinder die Materialien betrachten und erfühlen. Bestimmt folgt bald ein klirrendes Geräusch, wenn die Kinder in dem Korb ein bisschen „wühlen". Erklären Sie den Kindern, dass sie heute eine ganz besondere Aufgabe ausführen werden.

Die Tabletts in der Mitte sind keine gewöhnlichen Tabletts, es sind Stille-Tabletts. Das bedeutet, dass die Materialien möglichst geräuschlos vom Korb auf das Tablett gelegt werden. Demonstrieren Sie es den Kindern auf ruhige Weise. Nehmen Sie dabei einen Gegenstand besonders langsam und vorsichtig aus dem Korb und versuchen Sie, diesen geräuschlos auf dem Tablett abzulegen.

Das Konzentrationsspiel wird der Reihe nach von den Kindern fortgesetzt. Aber Achtung: Hört man ein Geräusch, muss dieser Gegenstand zurück in den Korb gelegt werden.

Schafft es die Gruppe, alle Gegenstände geräuschlos auf dem Tablett abzulegen?

Es ist fein, ein Faultier zu sein!

Material: Kopiervorlage S. 25; Laminierfolien; Laminiergerät; Wollschnur; Schere

Gruppenstärke: beliebig

Dauer: beliebig

Alter: 3–6 Jahre

Ziel: bewusste Entspannung; Zeit für Beobachtung oder zum In-sich-Kehren

Vorbereitung:

Kopieren Sie die Faultierkarte von S. 25, laminieren Sie sie und schneiden Sie sie aus. Sie können die Kinder auch eine eigene Karte gestalten lassen, indem Sie sie ein eigenes Faultier malen lassen.

So geht's:

Faultiere lieben es, zu schlafen! Die meiste Zeit ihres Lebens sind diese Tiere damit beschäftigt, sich auszuruhen. Manchmal ist das schon eine feine Sache, da würde man doch auch selbst gerne Faultier sein, nicht wahr?! Damit die Kinder das Gefühl der bewussten Entspannung und Ruhe besser und gezielter erleben, bekommen Sie alle ihre individuelle „Faultier-Karte".
Wann immer die Kinder im Alltag Sehnsucht nach Ruhe, Entspannung und Auszeit vom Gruppengeschehen haben, können sie sich mit ihrer Karte gezielt zurückziehen. Damit zeigen die Kinder ihren Spielkameraden, dass sie nun ein bisschen Zeit für Ruhe und Entspannung brauchen. Wer möchte, kann am oberen Rand seiner Karte ein Loch stanzen und eine Wollschnur darin verknoten und die Karte als Kette um den Hals hängen.

Schritt vor Schritt

Material: Isolierband oder Malerkrepp, evtl. Trommel, evtl. kleine Elemente zum Fühlen (Stein, Watte, Sand, Stock …)

Gruppenstärke: 2–4 Kinder

Dauer: 25 Minuten

Alter: 3–6 Jahre

Ziel: bewusste Entspannung; Zeit für Beobachtung und zum In-sich-Kehren

Vorbereitung:

Kleben Sie im Bewegungsraum vorab mit Malerkreppband oder Isolierband einen Weg auf. Dieser kann kurvenreich oder eckig ausfallen.

So geht's:

Zeigen Sie den Kindern den Weg und demonstrieren Sie, wie man diesen beschreitet: Dabei geht man achtsam auf der Linie und setzt langsam Schritt vor Schritt. Der Gang ist bewusst temporeduziert, wir konzentrieren uns auf das bloße Gehen. Unsere Augen verfolgen die Linie – der Blick schweift nicht ab. Zeigen Sie den Kindern auch den Ballengang. Dabei rollt man den Fuß gezielt von den Zehen bis zur Ferse langsam ab. Wer möchte, kann auch versuchen, die vorgegebene Linie im Rückwärtsgang zu beschreiten. Dies erfordert verstärkte Konzentration. Haben die Kinder das Gehen auf der Linie mehrmals ausprobiert, kann man zwischendurch vereinzelt über ein Signal, zum Beispiel einen Trommelschlag, ein anderes Bewegungsmuster, wie beispielsweise einen Sprung, einfließen lassen.

Lassen Sie die Kinder auch einmal barfuß auf der Linie gehen und bauen Sie zwischendurch Sinneserlebnisse zum Fühlen ein. Legen Sie zum Beispiel einen mittelgroßen Stein, Federn, ein Stück Watte, etc. in reichlich Abstand auf der Linie auf. Die Kinder können bei den Sinnesstationen Pause machen und sich Zeit zum Fühlen und Tasten nehmen.

Momentaufnahmen

Material: –

Gruppenstärke: 2–4 Kinder

Dauer: ca. 45 Minuten

Alter: 5–6 Jahre

Ziel: gezielte Beobachtung; Ruhe erleben; Sprachförderung

So geht's:

Im Alltag nehmen wir über unseren Sehsinn unzählig viele Dinge wahr – leider oft sehr schnell und kurz. Detailgetreues Wahrnehmen passiert selten. Doch das genaue, konzentrierte Betrachten von Objekten hat auch einen meditativen Charakter. Diese Übung soll die Kinder dazu anregen, sich länger und intensiver mit Impressionen auseinanderzusetzen. Dafür fixiert ein Kind einen Bereich, eine Ecke oder einen bestimmten Gegenstand im Raum, welchen es für eine gewisse Zeit sehr genau, aus etwas Distanz, betrachtet. Hat das Kind lange genug und intensiv wahrgenommen, hält es die Hände vor die Augen und versucht, seinen Spielpartnern blind zu beschreiben, was es gesehen hat. Welche Farbe hat der Gegenstand? Was befindet sich noch in diesem Bereich?

Wird der Gegenstand nicht beim Namen genannt, kann auch ein Ratespiel gespielt werden. Die anderen Spielpartner erraten aufgrund der Beschreibung, welcher Gegenstand gemeint ist.

Was habe ich eigentlich gesehen?

Wege legen

Material: gesammelte Naturmaterialien (Steine, Blätter, Äste ...)

Gruppenstärke: 2–4 Kinder

Dauer: ca. 30 Minuten

Alter: 5–6 Jahre

Ziel: bewusste Entspannung; Kreativität und achtsamen Umgang mit Materialien fördern

So geht's:

Der folgende Impuls inspiriert die Kinder zu einer achtsamen und kreativen Auseinandersetzung mit der Natur und ihren Geschenken.

Diese Übung bietet sich sowohl bei einem Waldwandertag/Spaziergang oder einfach auch im Garten der Kita an. Dafür sammeln die Kinder vorab viele Naturmaterialien, die ihnen gut gefallen (zum Beispiel Steine, Aststücke, Blütenblätter, Tannenzapfen, Blätter ...).

Aus den gesammelten Materialien legt jedes Kind für sich einen Weg auf die Wiese. Die Wege der Kinder können sich auch kreuzen. Sind die Pfade vorbereitet, können die Kinder diese beschreiten. Im Sommer bietet es sich natürlich wunderbar an, barfuß zu gehen.

Wer nicht auf die Naturmaterialien steigen möchte, kann auch neben dem Pfad gehen und dem Weg auf diese Weise folgen.

Die Natur hält eine Vielfalt an sinnlichen Reizen für uns bereit.

Tier-Imitationskarten

Material: Kopiervorlage S. 25; Laminierfolien; Laminiergerät; Schere

Gruppenstärke: beliebig

Dauer: beliebig

Alter: 3–6 Jahre

Ziel: Bedürfnisse wahrnehmen; Emotionen und Gefühlslagen erkennen und lernen, damit umzugehen

Vorbereitung:

Kopieren Sie die Bildkarten von S. 25. Möglichst sollten Sie sie dabei auch vergrößern. Um sie haltbarer zu machen, laminieren Sie sie und schneiden sie dann auseinander.

So geht's:

Von Tieren kann man vieles lernen. Anhand dieser Karten besprechen Sie mit den Kindern ein assoziiertes Verhalten der aufgeführten Tiere. Anschließend machen Sie dieses Verhalten anhand der Karten nach, ohne die Kinder verbal zu etwas aufzufordern. Im hektischen Alltag werden Sie in Zukunft eine solche Karte als nonverbale Aufforderung zeigen können. Die Kinder nehmen die Anregung zur Imitation gerne auf. Bewahren Sie die Karten am besten an einem Ort auf, zu dem auch die Kinder einen guten Zugang haben, denn gewiss macht es den Kindern große Freude, auch selbst einzuschätzen, wann sie gerne von einer Imitationskarte Gebrauch machen möchten.

Eule:
Diese Karte lädt zum genauen Beobachten und Hinsehen ein. Die Kinder konzentrieren sich auf das bloße Beobachten und Sehen. Die Botschaft lautet: „Beobachte genau!"

Luchs:
Diese Karte fordert die Kinder zum genauen Hinhören auf, denn der Luchs hört alles gut! Die Botschaft lautet: „Hör genau hin!"

Schnecke:
Die Schnecke bewegt sich langsam fort. Vielleicht ist in der Gruppe manchmal zu viel Bewegung, weil die Kinder schnell laufen. Dann kann diese Karte ein Zeichen setzen. Die Botschaft lautet: „Bitte nicht laufen – langsamer bewegen!"

Katze:
Katzen schleichen gerne leise und vorsichtig durch die Gegend. Die Botschaft lautet: „Bewege dich schleichend und leise durch den Raum. Beobachte genau, was die anderen machen!"

Maus:
„Bitte etwas leiser!". Wenn es im Gruppengeschehen zu laut wird und das Bedürfnis nach mehr Ruhe aufkommt, kann die Mäusekarte diesem Wunsch Ausdruck verleihen.

Faultier:
Das Faultier hängt gerne einfach mal ab und betrachtet die Welt kopfüber. Die Botschaft könnte lauten: „Jeder hat das Recht, auch einfach mal ‚abzuhängen'." Und vielleicht betrachtet man dabei die Welt mal von einem ganz anderen Blickwinkel aus?

Tier-Imitationskarten – Bildkarten

Wortloses Memo

Material: Triangel

Gruppenstärke: 6–8 Kinder

Dauer: ca. 20 Minuten

Alter: 5–6 Jahre

Ziel: Konzentration steigern; genaues Beobachten

So geht's:

Dieses Memo-Spiel fördert auf besondere Weise die Konzentration und Aufmerksamkeit der jungen Spieler. Vor Spielbeginn setzen sich acht Kinder in zwei Reihen einander gegenüber auf den Boden. Man benötigt eine gerade Spielerzahl – je mehr Kinder an dem Spiel teilhaben, desto spannender und interessanter wird das Spiel. Die Erzieherin flüstert immer zwei Kindern, die sich in einander gegenüberliegenden Reihen befinden, sich aber nicht genau gegenübersitzen, eine Anweisung zu, beispielsweise, sich mit dem Zeigefinger immer wieder auf die Nase zu tippen. Den nächsten beiden Kindern, die in einander gegenüberliegenden Reihen sitzen, flüstert die Erzieherin zu, sich beispielsweise mit dem Zeigefinger auf das rechte Ohr zu tippen. Und den letzten beiden Paaren schlägt die Erzieherin vor, den Mund oder die Stirn zu berühren. Erst auf ein Signal – zum Beispiel einen Triangel-Schlag – geht es los! Die Kinder tippen mit dem Zeigefinger auf das von der Erzieherin vorgeschlagene Körperteil und versuchen gleichzeitig, den passenden Partner, welcher ebenfalls dasselbe Körperteil berührt, über Blickkontakt zu finden. Haben sie sich gefunden, setzen sie sich genau gegenüber und reichen sich die Hände.

Anstelle des Berührens von Körperteilen können Sie auch ein Wort sagen. Die Kinder müssen dann versuchen, ihren Partner aus dem Wörterwirrwarr herauszuhören. Auch können die Kinder beispielsweise eine Zahl von 1 bis 10 mit ihren Fingern zeigen und auf diese Weise den gleichen Partner ausfindig machen.

Wühl-Fühl-Memo

Material: 8 beliebige Spielmaterialien, welche vorab fotografiert und aus denen Bildkarten gemacht werden; Schuhkarton; Decke

Gruppenstärke: 1–2 Kinder

Dauer: ca. 15 Minuten

Alter: 5–6 Jahre

Ziel: Konzentration; Aufmerksamkeit; Schulung der taktilen Wahrnehmung

Vorbereitung:

Fotografieren Sie vorab acht beliebige Gegenstände und gestalten Sie daraus Bildkarten. Legen Sie die Gegenstände in einen Karton und verschließen Sie die Öffnung mit einer Decke.

So geht's:

Immer zwei Kinder betrachten eine Bildkarte und versuchen gleichzeitig, den passenden Gegenstand im Karton zu erfühlen. Wer hat den Gegenstand zuerst ertastet?

Guck und fühl genau!

Über Bewegung und Entspannung zum Körperbewusstsein

Stressabbau gelingt am besten und natürlichsten über Bewegung. Kinder brauchen im Alltag viele Gelegenheiten, um sich aktiv zu bewegen und ihren Körper dabei bewusst wahrzunehmen und zu spüren. Nach der intensiven Bewegung benötigt man Erholungs- und Entspannungspausen. Erreicht man einen ausgewogenen Wechsel von An- und Entspannungsphasen, steigert das die Konzentration, die Aufmerksamkeit und ganz allgemein das Bewusstsein für den eigenen Körper. Heutzutage kommt leider bei vielen Kindern die ausgewogene Bewegung bzw. der Sport im Alltag zu kurz. Für ein gesundes und vitales Leben ist der sportliche Ausgleich jedoch unverzichtbar.

Die Übungen des folgenden Kapitels sollen Kita-Kinder dazu anregen, ihre Bewegungen bewusst auszuführen und dabei auch ihre körperlichen Möglichkeiten und Grenzen zu erfahren.

Wie fühlt es sich an, wenn man sich schnell bewegt? Wie kann das Gegenteil, langsame Bewegung, erreicht werden? Wie bewegt man sich laut und wie leise? Was kann mein Körper eigentlich alles bewegen?

Die folgenden Übungen regen die Kinder dazu an, auf spielerische Weise unterschiedliche Bewegungsformen kennenzulernen und achtsam auszuführen. Neben dem Bewegungsaspekt sollen natürlich auch der Spaß- und der Genussfaktor nicht zu kurz kommen.

Sonnen-Meditationsübung

Material: gelber Filzkreis (Durchmesser ca. 40–50 cm); Schale mit einem Teelicht, evtl. kleiner Heizstrahler

Gruppenstärke: 4–6 Kinder

Dauer: ca. 20 Minuten

Alter: 4–6 Jahre

Ziel: bewusste Entspannung; gezielte Körperwahrnehmung

Vorbereitung:

Legen Sie in einem ruhigen Raum in der Mitte des Bodens einen gelben Sonnenfilzkreis aus und stellen Sie eine kleine Schale mit einem brennenden Teelicht in die Mitte. Damit es im Raum wohlig warm wird, können Sie diesen zuvor mit einem Heizstrahler etwas beheizen.

So geht's:

Die Kinder nehmen rund um den Sonnenkreis Platz und überlegen, wofür der gelbe Filzkreis stehen könnte. Sobald erraten wurde, dass dieser die Sonne verkörpert, wird gemeinsam besprochen, was uns die Sonne spendet. Beispielsweise *„Licht, Wärme, Energie und Kraft"*. Erklären Sie den Kindern, dass sie im Anschluss versuchen, sich wie ein kleiner Sonnenstrahl zu fühlen. Dafür legen sich die Kinder rund um den Filzkreis, mit den Füßen nach außen. Sprechen Sie danach mit ruhiger Stimme und Sprechpausen meditative Worte, wie beispielsweise:
„Wenn du möchtest, schließt du deine Augen. Du fühlst dich heute warm wie ein Sonnenstrahl. Du spürst, dass die Wärme durch deinen Körper fließt. Sie wandert über den Kopf, bis zu deinem Oberkörper, danach in die Arme und Hände, weiter zum Unterkörper, über die Beine bis zu deinen Zehen. Das tut dir gut. Die Wärme gibt dir Kraft und Energie …".

Lassen Sie den Kindern am Ende Zeit, selbst zu entscheiden, wann sie die Augen wieder öffnen und sich aufsetzen möchten. Besprechen Sie mit den Kindern danach in einer Reflexionsrunde, wie es ihnen ergangen ist und ob sie die Wärme tatsächlich gut spüren konnten.

Sanfter Schmetterlingsflug

Material: Chiffontücher; mittelgroße Blumen aus buntem Fotokarton; lösbare Klebepads (z. B. Patafix)

Gruppenstärke: 6–8 Kinder

Dauer: ca. 20 Minuten

Alter: 4–6 Jahre

Ziel: Förderung der Körperwahrnehmung und Konzentration

Vorbereitung:

Schneiden Sie bunte, mittelgroße Blumen aus Fotokarton aus und kleben Sie diese mit Klebepads, gut verteilt, im Bewegungsraum am Boden auf. Die Anzahl der Blumen soll der Kinderanzahl entsprechen.

So geht's:

Schmetterlinge flattern zart, vorsichtig und sanft durch die Lüfte. Genau zu solchen achtsamen Bewegungen sollen die Kinder bei der folgenden Übung angeregt werden. Damit sich die Kinder besser in die Rolle des Schmetterlings versetzen können, erhalten sie je zwei Chiffontücher, welche die Flügel des Tieres darstellen. Beim zarten Bewegen durch den Raum ist es besonders wichtig, achtsam zu sein und niemanden zu stoßen oder zu berühren. Zwischen dem Schmetterlingsflattern ruft die Erzieherin den Kindern immer wieder Aufgabenstellungen zu, zum Beispiel *„Jeder Schmetterling sucht sich eine Blume, auf der er landet und sich ausruht."*

Auch die Landung soll nicht plump und wild erfolgen. Leise, langsam und bedacht sucht der Schmetterling eine Blume zum Ausruhen.

Eine weitere Aufgabenstellung wäre: *„Jeder Schmetterling berührt die Blume mit nur einem Flügel."* Dann berühren die Kinder die Blume mit einem Chiffontuch. Andere Möglichkeiten wären, die Blume nur mit den Zehenspitzen oder besonders vorsichtig mit den Fühlern (also der Stirn) zu berühren.

Maulwurfgänge

Material: Seil oder dickere Wollschnur; Kriechtunnel oder 2 Langbänke; Matten

Gruppenstärke: 6–8 Kinder

Dauer: ca. 25 Minuten

Alter: 4–6 Jahre

Ziel: Förderung der haptischen Wahrnehmung und der Körperkoordination

Vorbereitung:

Wählen Sie einen Raum aus, der gut abgedunkelt werden kann. Stellen Sie darin einen Kriechtunnel auf oder bereiten Sie zwei Langbänke vor: Stellen Sie sie einander gegenüber im Abstand von etwa 40 cm auf und legen Sie Matten darüber. In den Tunnel legen Sie ein langes Seil, das vom Tunnel-Anfang bis zum Ende reicht.

So geht's:

Die Maulwürfe müssen ihre neuen, dunklen Gänge unter der Erde erst langsam und vorsichtig erkunden. Wenn der Sehsinn eingeschränkt oder sogar komplett „ausgeschaltet", wird, müssen wir uns, um vorwärtszukommen, auf unseren Tastsinn verlassen. Dabei reduzieren wir unser gewohntes, rasches Fortbewegungstempo – zu ungewiss ist uns die fremde Umgebung. Erklären Sie den Kindern im noch hellen Raum, was sie im Anschluss im abgedunkelten Raum erwarten wird. Zeigen Sie den Kindern die Kriechtunnel und erzählen Sie ihnen, dass sie sich heute als Maulwürfe durch die Gänge bewegen dürfen. Maulwürfe sehen bekanntlich sehr schlecht. Diesen Sinn brauchen sie tief unten im Erdreich auch gar nicht. Auch die Kinder werden, sobald der Raum abgedunkelt ist, nichts bzw. wenig sehen, aber sie werden fühlen. Der Reihe nach kriechen die Kinder dann durch die dunklen Tunnel, geführt von ihrem Tastsinn. Das Seil oder die dicke Wollschnur soll für die Kinder beim Krabbeln in der Dunkelheit wie ein roter Faden sein, an dem sie entlanggleiten können. Diese Übung ist gewiss ein Tasterlebnis der ganz besonderen Art.

Achtung, Ampelregelung!

Material: 3 Chiffontücher in den Farben Rot, Gelb und Grün

Gruppenstärke: 8–10 Kinder

Dauer: ca. 20 Minuten

Alter: 4–6 Jahre

Ziel: Aufmerksamkeit; Konzentration und Reaktionsfähigkeit schulen; Kontrolle über Bewegungsabläufe erfahren

So geht's:

Bei diesem Bewegungsspiel brauchen die Kinder ihre Reaktions- und Konzentrationsgabe sowie ein gutes Körpergefühl.

Über die Ampelregelung wird den Kindern der Übergang von der schnellen, meist eher unkontrollierten Bewegungsform in eine wachsame, vorsichtige und achtsame Bewegung sehr gut verdeutlicht. Am besten führt man die Übung im Bewegungsraum oder im Freien durch. Die Kinder brauchen ausreichend Platz, um sich großflächig bewegen zu können. Erklären Sie den Kindern vorab die Bedeutung der drei Tücher:

- Das rote Tuch steht für Stopp oder Stillstand. Die Kinder setzen sich, sobald sie das rote Tuch sehen, so schnell wie möglich auf den Boden oder verharren wie eingefroren in ihrer Position.
- Das grüne Tuch steht für rasche Bewegung. Hier können die Kinder schnell durch den Raum laufen, galoppieren oder hüpfen.
- Das gelbe Tuch steht für ein reduziertes, behutsames Tempo. Die Kinder bewegen sich in demselben Bewegungsmuster deutlich langsamer und wachsamer durch den Raum.

Die Ampelregelung kann natürlich auch von einem Kind übernommen werden.

Dem Federflug folgen

Material: bunte Federn

Gruppenstärke: 6–8 Kinder

Dauer: ca. 15 Minuten

Alter: 4–6 Jahre

Ziel: Konzentration; Bewegungskoordination schulen; gezielt leises und sanftes Fortbewegen üben

So geht's:

Diese Übung soll die Kinder dazu anregen, sich langsam, vorsichtig und wachsam durch den Raum zu bewegen.
Dafür erhält jedes Kind eine Feder, welche es vorsichtig auf seine Hand legt. Das Kind pustet diese anschließend von der Hand und folgt mit den Augen dem Flug der Feder, bis sie landet. Denselben Weg gleitet das Kind vorsichtig mit den Füßen über den Boden lautlos voran, bis es bei der Feder angekommen ist. Danach legt es die Feder erneut auf die Hand und pustet diese von sich. Welche Richtungen schlägt die Feder ein?

Federn fliegen geschmeidig durch die Lüfte.

Stille Ansage

Material: unterschiedliche Turnmaterialien (z. B. Ball, Seil …), ggf. Sanduhr

Gruppenstärke: 2–4 Kinder

Dauer: ca. 20–30 Minuten

Alter: 5–6 Jahre

Ziel: genaue Beobachtung und Bewegungskoordination schulen

So geht's:

Nicht immer sind Worte allein aussagekräftig genug – und nicht immer möchte man mit seinen Spielpartnern verbal kommunizieren. Starten Sie mit den Kindern einmal ein besonderes Experiment. Dafür ist ein Kind der Ansager, der seinem Partner auf nonverbale Weise vermittelt, was gemacht wird. Dabei darf nur gezeigt, jedoch nichts gesprochen werden. Dies kann sowohl im Turnraum, beim Spielen oder Turnen, umgesetzt werden als auch im Gruppenraum, beim Spielen mit Spielmaterialien oder beim Ausführen unterschiedlicher Alltagstätigkeiten.

Das Kind, der Ansager oder Bestimmer, führt die gewünschten Tätigkeiten langsam aus, zum Beispiel dribbelt das Kind mit dem Ball. Das andere Kind beobachtet ganz gezielt und versucht, die Bewegungen des Spielpartners zu imitieren. Machen Sie gemeinsam mit den Kindern aus, wie lange einer der Ansager bleibt und wann die Rollen getauscht werden, solange die Sanduhr läuft.

Es geht auch ohne Worte.

Im Tiergarten

Material: Kopiervorlage S. 36; Laminierfolie; Laminiergerät; Schere

Gruppenstärke: 6–8 Kinder

Dauer: ca. 15 Minuten

Alter: 3–6 Jahre

Ziel: Konzentration fördern; Kennenlernen unterschiedlicher Bewegungsmuster

Vorbereitung:

Kopieren Sie (vergrößert) die Bildkarten von S. 36, laminieren und schneiden Sie sie aus. Verteilen Sie sie im Abstand von mehreren Metern auf dem Boden des Bewegungsraumes.

So geht's:

Wandern Sie mit den Kindern von Karte zu Karte und besprechen Sie, wie sich die unterschiedlichen Tiere fortbewegen. Beispielsweise bewegt sich die Schlange schlängelnd voran. Die Kinder machen die Schlangenbewegung nach und bewegen sich auf diese Weise bis zur nächsten Tierkarte voran. Dort sehen sie dann beispielsweise einen Elefanten. Der Elefant stampft schweren Schrittes durch den Raum. Wieder imitieren die Kinder dieses Bewegungsmuster, bis sie die nächste Tierkarte erreichen usw.

Die Tierkarten können danach auch in einer anderen Reihenfolge angeordnet werden.

Hier wird sich tierisch kreativ bewegt!

Im Tiergarten – Bildkarten

Blitz und Donner

Material: Handtrommel; Triangel

Gruppenstärke: 6–8 Kinder

Dauer: ca. 15 Minuten

Alter: 3–6 Jahre

Ziel: Förderung der Körperwahrnehmung; Konzentration; Reaktionsfähigkeit

So geht's:

Vereinbaren Sie für dieses Spiel vorab ein Signal für Blitz und Donner mit den Kindern. Beispielsweise bedeutet das Trommeln auf der Handtrommel „Donner" und das Spielen auf dem Triangel „Blitz". Die Kinder laufen im Bewegungsraum umher. Hören sie ein Signal, zum Beispiel „Blitz", laufen die Kinder in Zick-Zack-Bewegungen durch den Raum. Nehmen die Kinder die Handtrommel, das Donnersignal, wahr, stampfen sie mit schweren, festen Schritten durch den Raum.

Die Reaktions- und Konzentrationsfähigkeit sind hier besonders gefordert.

Blitz und Donner wechseln sich hier lautstark ab!

Gegensätze finden

Material: –

Gruppenstärke: 6–8 Kinder

Dauer: ca. 25 Minuten

Alter: 4–6 Jahre

Ziel: Förderung der Konzentration; für unterschiedliche Eigenschaften passende Bewegungsmuster finden

So geht's:

Bei diesem Spiel brauchen die Kinder viel Platz, um sich zu bewegen.

Die Kinder treffen sich vorab in der Mitte des Raumes. Ein Kind überlegt sich ein Tier oder einen Gegenstand, der die Eigenschaften „schnell" oder „langsam", bzw. „groß" oder „klein" verkörpert.

So fällt einem Kind zum Beispiel das Impulswort „Elefant" ein. Die Kinder versuchen, die Eigenschaften des Tieres herauszufinden: „Das Tier ist groß". Danach strecken sich die Kinder, so gut sie können, und machen sich richtig groß. Anschließend überlegen die Spieler, ob sie einen Gegensatz zu „groß und Elefant" finden können, beispielsweise die Maus. Die Maus ist klein. Die Kinder machen sich nun so klein sie können. Nun geht das Spiel weiter. Ein Spieler überlegt sich etwas, das besonders schnell ist, ein Rennauto. Die Kinder laufen schnellen Schrittes durch den Raum. Danach muss etwas gefunden werden, das besonders langsam ist, wie beispielsweise eine alte Dampflok oder eine Schnecke … etc.

Unterstützen Sie die Kinder beim Finden der passenden Symbole für unterschiedliche Eigenschaften. Stellen Sie Rätselfragen, falls den jungen Spielern nicht gleich etwas einfallen sollte.

Enge Tunnel

Material: –

Gruppenstärke: 6–8 Kinder

Dauer: ca. 30 Minuten

Alter: 4–6 Jahre

Ziel: Förderung der propriozeptiven Wahrnehmung

So geht's:

Hier krabbeln die Kinder durch besonders enge Tunnel. Die Kinder bilden vorab einen langen Tunnel, indem sie sich im Vierfüßlerstand dicht nebeneinander zu einer langen Reihe aufstellen. Schon kann ein Kind versuchen, den Tunnel vom Anfang bis zum Schluss zu durchkrabbeln. Hoffentlich ist der Tunnel gut gebaut und hält dem grabenden Maulwurf stand?

Spannende Tiefenwahrnehmungserfahrungen sind den Kindern dabei garantiert!

Achtsamkeit erfahren bei Gruppen- und Partnerspielen

Die Kita stellt für Kinder häufig den ersten Ort dar, an dem regelmäßige Interaktionen mit Gleichaltrigen stattfinden. Im gemeinsamen Spiel sammeln die Kinder oft ihre ersten sozial-emotionalen Erfahrungen mit anderen Kindern. Dabei erfahren sie auch etwas über gemeinsame Interessen oder Unterschiede und lernen diese wahr- und anzunehmen.

Doch das Erkennen und Wahrnehmen von Bedürfnissen anderer Spielpartner muss geübt und häufig auch von uns Erzieherinnen begleitet werden. Wie fühlt sich der andere und was möchte er? Wie fühle ich mich und wie kann ich mein Gefühl anderen mitteilen?

Gegenseitiges Wahrnehmen fokussiert nicht nur Äußerlichkeiten. Doch ist es auch interessant, äußerliche Merkmale zu erkennen und gegenseitig zu beobachten.

Im folgenden Kapitel werden die Kinder mit ansprechenden Partner- und Gruppenspielen zur gegenseitigen Beobachtung und zum achtsamen, empathischen und wertschätzenden Umgang miteinander hingeführt.

Unterstützen Sie die Kinder auch im Alltag dabei, achtsam und rücksichtsvoll miteinander umzugehen. Begleiten Sie Dialoge zwischen den Kindern und versuchen Sie im Bedarfsfall, die vielleicht teilweise unterschiedlichen Gefühlslagen für alle verständlich zu machen.

Wahrnehmungskreis

Material: –

Gruppenstärke: 2 Kinder

Dauer: ca. 20 Minuten

Alter: 4–6 Jahre

Ziel: Förderung der Konzentration und der optischen Wahrnehmung

So geht's:

Obwohl wir denken, dass wir den anderen bewusst wahrnehmen, ist das trotzdem nicht immer der Fall.

Die folgende Übung möchte die gegenseitige Wahrnehmung der Kinder schärfen. Dabei stehen sich immer zwei Kinder gegenüber. Mit einem scharfen, genauen Blick scannen sie sich von Kopf bis Fuß. Alles wird genau betrachtet. Dann schließen beide Kinder die Augen und die Erzieherin stellt einem Kind eine Frage, wie zum Beispiel: *„Max, hast du gesehen, welche Augenfarbe Lisa hat?"* usw.

Das Kind versucht, die Frage zu beantworten. Weiß es keine Antwort, darf es selbstverständlich nachsehen. Durch dieses Spiel werden die optische Wahrnehmung und die Konzentration der Kinder auf lustvolle Weise geschult.

Hast du mich heute schon genau angesehen?

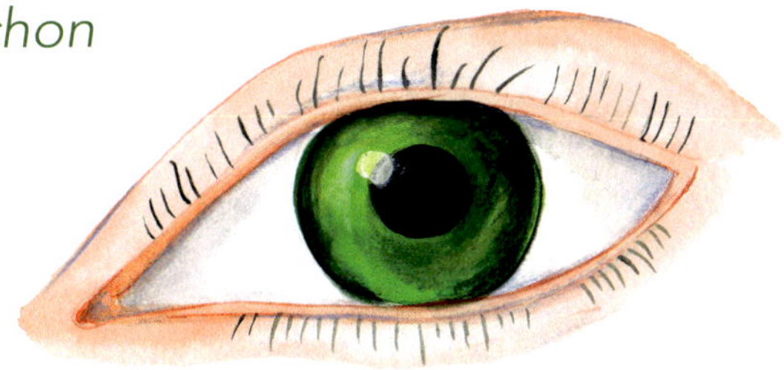

Finde deinen Bewegungspartner!

Material: –

Gruppenstärke: 6–8 Kinder

Dauer: ca. 20 Minuten

Alter: 4–6 Jahre

Ziel: Förderung der Körperwahrnehmung; genaue Wahrnehmung und Beobachtung der Spielpartner

So geht's:

Bei dieser Übung sind viel Bewegung und eine genaue Beobachtung im Spiel! Die Kinder verteilen sich zunächst gut im Raum.

Wandern Sie von Kind zu Kind und flüstern Sie immer zwei Kindern dasselbe Bewegungsmuster ins Ohr, zum Beispiel bewegen sich immer zwei Kinder springend durch den Raum, andere Kinder laufen, krabbeln etc. Die Kinder haben nun die Aufgabe, die entsprechenden Bewegungen auszuführen und dabei genau zu beobachten, welches Kind sich noch auf dieselbe Weise bewegt.

Haben sich die zwei Bewegungspartner gefunden, setzen sie sich nebeneinander auf den Boden.

Die Kinder können sich bei diesem Spiel auch tierisch fortbewegen, beispielsweise als Schlangen, als Vögel, die durch den Raum „flattern“, oder als Elefanten, die mit schweren Schritten durch die Gegend stampfen etc. Wer findet seinen Tierpartner?

Blinde Partnerberührung

Material: –

Gruppenstärke: 2 Kinder

Dauer: ca. 15 Minuten

Alter: 4–6 Jahre

Ziel: Förderung der haptischen Wahrnehmung; vorsichtigen, achtsamen Umgang miteinander schulen

So geht's:

Bei dieser Übung gehen wir besonders achtsam mit unserem Partner um und berühren ihn zart und vorsichtig.

Dafür sitzen die Kinder einander mit geschlossenen Augen gegenüber – so, dass sie einander gut berühren können. Geben Sie nun immer wieder neue Aufgabenstellungen, wie beispielsweise: *„Berührt mit den Händen gegenseitig vorsichtig eure Nasenspitzen."* Oder: *„Berührt eure Knie, eure Hände …"*.

Die Kinder versuchen nun besonders vorsichtig, die vorgegebenen Körperteile des Partners blind zu ertasten.

Die Berührungen müssen gezielt vorsichtig, und langsam erfolgen, damit man sich nicht gegenseitig verletzt.

Klopfsteine

Material: mittelgroße Kieselsteine (1 Stein pro Kind)

Gruppenstärke: 6–8 Kinder

Dauer: ca. 25 Minuten

Alter: 4–6 Jahre

Ziel: Schulung der Konzentration; Förderung des Rhythmusgefühls und der akustischen Wahrnehmung

So geht's:

Die Kinder sitzen im Kreis und Sie geben jedem Kind einen mittelgroßen Kieselstein. Ein Kind beginnt mit der Klopfrunde und klopft mit seinem Stein beliebig oft im gewünschten Rhythmus auf den Stein des Sitznachbarn.
Der Sitznachbar hält den Stein dabei in der Hand und hört genau hin, wie der Rhythmus lautet. Danach gibt er dasselbe Klopfen an seinen Nachbarn weiter. Das geht so lange, bis die Klopfrunde beim ersten Kind wieder angekommen ist. Danach wird ein neues Kind bestimmt, das mit einem anderen Rhythmus beginnt, und das Klopfspiel wird auf diese Weise fortgesetzt.

Wie oft klopft es?

Herzhaft umrahmen

Material: Kissen oder Stuhl; Schmuckmaterialien (Federn, Glassteine oder auch Naturmaterialien etc.)

Gruppenstärke: je 2 Kinder zusammen

Dauer: ca. 20 Minuten

Alter: 4–6 Jahre

Ziel: gegenseitige Wertschätzung; Förderung der Kreativität

So geht's:

Bei dieser Übung können sich die Kinder gegenseitig ein wertschätzendes, freundschaftliches Zeichen setzen. Die Kinder bilden dafür Paare. Ein Kind nimmt auf einem gemütlichen Kissen am Boden oder auf einem Stuhl Platz. Das andere Kind umrahmt den Sitzplatz mit einem Herzen welches es aus Legematerialien rund um den Platz des Kindes am Boden auflegt. Die sitzenden Kinder sehen genau zu, aus welchen Materialien das Herz gelegt wird, und genießen die herzhafte Umrahmung.

Sind die Kinder mit dem Legen fertig, können sie ihrem Freund noch liebevolle Worte zusprechen, zum Beispiel *„Schön, dich als Freund zu haben!"*

Auf diesem Sitzplatz fühlt sich jeder geliebt und geborgen!

Liebesbrief an Freunde

Material: weißes Papier (Größe A4); Briefkuvert; Buntstifte oder Fasermaler

Gruppenstärke: 2–4 Kinder (abwechselnd, je nach Situation)

Dauer: ca. 20 Minuten

Alter: 4–6 Jahre

Ziel: Förderung des achtsamen Umgangs mit Worten; Pflegen von Freundschaften

So geht's:

Die Kita stellt für die Kinder oftmals den ersten Ort der freundschaftlichen Begegnung mit anderen Kindern dar. Helfen Sie den Kindern, diese ersten Freundschaften zu festigen und zu stärken. Um Freundschaften zu vertiefen und zu pflegen, ist es auch wichtig, seinen Freunden manchmal zu sagen, was man an ihnen mag oder schätzt. Mit einem Liebesbrief an den Freund oder die Freundin kann man das auf eine besonders schöne Weise machen.

Führen Sie dafür im Vorfeld mit den Kindern ein Gespräch über Freunde: *„Wer ist dein Freund? Was magst du an ihm besonders gern? Was habt ihr miteinander schon erlebt?"* Haben die Kinder herausgefunden, was sie besonders an ihrem Freund schätzen oder mögen, können sie diese Empfindungen auf Papier bringen, indem sie mit Buntstiften oder Fasermalern ein Bild davon zeichnen. Wenn das Kind das möchte, können Sie das Bild zusätzlich noch mit aussagekräftigen Schlagworten versehen.

Danach wird der Brief gefaltet und in ein Briefkuvert gesteckt. An der Außenseite des Kuverts schreiben die Kinder (oder Sie) auf, von wem der Brief ist und an wen sie diesen richten.

In einem achtsamen Moment können sie den Brief ihrem Freund oder ihrer Freundin überreichen und ihnen nach dem Öffnen und Betrachten nochmals persönlich sagen, was sie an ihrem Freund besonders schätzen.

Backofenmassage

Material:	1 Decke und 1 Wärmflasche pro Kinderpaar
Gruppenstärke:	jeweils 2 Kinder im Paar
Dauer:	ca. 15 Minuten
Alter:	4–6 Jahre
Ziel:	achtsamen Umgang miteinander schulen; Förderung der Körperwahrnehmung; Zeit für Entspannung

So geht's:

Der Backofen verwandelt durch seine Wärme den Teig zu einem knusprigen Brot. In Form einer Wärme-Massage wollen wir das hier nachspielen.

Damit die Kinder dieses Wärme-Erlebnis am eigenen Körper erfahren können und sich nach der Wärmemassage richtig fit fühlen, gehen sie zunächst zu zweit zusammen. Ein Kind darf dabei die Backofenwärme genießen, das andere Kind sorgt für das behagliche Wärme-Erlebnis. Dafür stehen den Kindern eine Kuscheldecke und eine Wärmflasche, gefüllt mit warmem, nicht zu heißem Wasser, zur Verfügung. Der Partner, der als Erstes die Massage genießen darf, legt sich mit dem Rücken auf die Decke. Das andere Kind wickelt den Freund oder die Freundin nun gut in die Kuscheldecke ein. Der Kopf bleibt allerdings frei! Sprechen Sie die Anweisungen für beide Kinder. Sagen Sie zum Beispiel: *„Ihr liegenden Kinder fühlt euch nun so warm wie in einem Backofen. Stellt euch vor, wie die Wärme in euren Körper wandert, das angenehme Gefühl erreicht euch überall. Ihr massierenden Kinder, streichelt nun mit sanften Bewegungen über den ganzen eingewickelten Körper, dadurch wird das Brot noch wärmer."* Für das besonders wohlige Wärmeempfinden wird im Anschluss vorsichtig die Wärmeflasche an unterschiedlichen Körperstellen (mit Ausnahme des Kopfes) aufgelegt. Das Kind, welches die Massage genießt, kann natürlich auch Wünsche äußern, zum Beispiel *„Bitte lege mir die Wärmeflasche auf den Bauch!"*

Nach dem Wärmegenuss, wenn die Kinder „ausgebacken sind", tauschen sie mit ihren Partnern die Rollen.

Rollmassage

Material: pro Kinderpaar: Nudelholz; Geschirrtuch oder kleines Handtuch; Wollschnur; Decke

Gruppenstärke: je 2 Kinder zusammen

Dauer: ca. 15 Minuten

Alter: 4–6 Jahre

Ziel: Förderung der haptischen Wahrnehmung; vorsichtigen, achtsamen Umgang miteinander schulen

Vorbereitung:

Fixieren Sie ein Geschirrtuch mithilfe einer Wollschnur rund um das Nudelholz.

So geht's:

Diese Rollmassage bringt dem Rücken eine besondere Entspannung!

Die Kinder gehen zu Paaren zusammen. Ein Kind legt sich dabei mit dem Bauch auf eine Decke. Das andere Kind rollt vorsichtig mit dem Rundholz den Rücken des Kindes entlang. Machen Sie es den Kindern am besten vor, damit diese sehen, wie es gemacht wird.

Vorsichtig kann dabei etwas Druck ausgeübt werden. Das massierte Kind soll sagen, ob es ihm angenehm ist. Auf diese Weise kann der Rücken besonders gut entspannen.

Streichelrunde

Material: –

Gruppenstärke: 6–8 Kinder

Dauer: ca. 20 Minuten

Alter: 4–6 Jahre

Ziel: Förderung der haptischen Wahrnehmung; vorsichtigen, achtsamen Umgang miteinander schulen

So geht's:

Bei diesem Sitzkreis erfahren die Kinder besonders viel Zärtlichkeit.

Die Kinder sitzen dicht nebeneinander im Kreis. Ein Kind beginnt die Streichelrunde und streichelt das Nachbarkind ganz zart mit einer Hand an einer (nicht zu privaten) Körperstelle, zum Beispiel über den Rücken. Das Kind führt die Runde fort und gibt dasselbe Streicheln (am Rücken) an das nächste Kind weiter. Diese wohltuende Runde setzt sich so lange fort, bis das Streicheln wieder beim ersten Kind angekommen ist. Danach darf sich ein weiteres Kind erneut ein Streicheln an einer anderen Körperstelle überlegen.

Wichtig dabei ist, dass die Kinder die Streichelbewegungen sanft und vorsichtig ausführen und auch akzeptieren, wenn ein Sitznachbar etwas vielleicht nicht möchte.

Weitergegebene Zärtlichkeit

Wunsch-Sternschnuppen

Material:	Tennisball; Krepppapierstreifen; Kleber; Heftzwecke
Gruppenstärke:	beliebig
Dauer:	ca. 15 Minuten
Alter:	4–6 Jahre
Ziel:	Mut fassen, sich gegenseitig achtsame Worte zuzusprechen; Wertschätzung

Vorbereitung:

Befestigen Sie mit einer Heftzwecke mehrere Krepppapierstreifen (beliebiger Größe) an einem Tennisball, sodass ein richtiger Kometenschweif entsteht.

So geht's:

In einem Morgenkreis kann die Wunsch-Sternschnuppe zu einem schönen Ritual werden: Ein Kind beginnt und überlegt sich einen Wunsch für ein anderes Kind, zum Beispiel *„Ich wünsche dir einen schönen Tag!"*. Das Kind spricht den Wunsch aus und wirft die Sternschnuppe dem Kind zu, welchem es den Wunsch gerne sagen möchte.

Danach wird die Runde fortgesetzt, bis allen Kindern ein Wunsch zugesprochen wurde. Kinder, die schon einen Wunsch erhalten haben, können ein Stück zurückrücken.

Hier fliegen die Wünsche von einem zum anderen.

Wer ist hinter mir?

Material: 1 Stuhl

Gruppenstärke: beliebig

Dauer: ca. 15 Minuten

Alter: 4–6 Jahre

Ziel: Förderung der akustischen Wahrnehmung; Konzentration

So geht's:

Hier brauchen die Kinder ein wachsames Gehör! Für dieses Ratespiel nimmt ein Kind auf einem Stuhl Platz und schließt seine Augen. Ein weiteres Kind stellt oder setzt sich dahinter und fragt das Kind, das vor ihm sitzt: *„Rate mal, wer ist hinter dir?"* Vielleicht wird das Kind sofort an seiner Stimme erkannt. Wenn nicht, kann das zu erratende Kind Hilfestellungen geben und sich selbst beschreiben, zum Beispiel *„Ich habe langes, braunes Haar. Ich trage eine Brille."*

Wurde das Kind erraten, darf es anschließend auf dem Stuhl Platz nehmen und ein neuer Ratefreund oder eine Ratefreundin stellt sich dahinter und führt das lustige Rätseln fort.

Wer stellt sich wohl gleich hinter mich?

Fingerspitzengefühl

Material: weißes Papier (A4); Schere
Gruppenstärke: gerade Anzahl an Kindern
Dauer: 10 Minuten
Alter: 4–6 Jahre
Ziel: Empathie fördern; Körperkoordination schulen; Koordinationsfähigkeit

Vorbereitung:

Schneiden Sie aus dem Papier für jedes Kinderpaar ein Herz aus (ca. so groß wie Ihre Handfläche).

So geht's:

Klären Sie mit den Kindern vorab den Begriff „Fingerspitzengefühl". Vielleicht fällt den Kindern auch ein Freund oder eine Freundin ein, der/die besonders einfühlsam ist. Anschließend möchten die Kinder ihre Fingerspitzen und die eines Freundes bewusst fühlen. Wenn man etwas mit den Fingerspitzen fühlt, so greift man ganz vorsichtig und zart. Manchmal braucht man auch im Miteinander einen vorsichtigen Umgang, um zu verstehen, was der andere fühlt.
Für diese Übung gehen die Kinder paarweise zusammen und stellen sich einander gegenüber auf. Die Kinder berühren sich vorerst nur an den Fingerspitzen und versuchen, durch den Raum zu gehen und dabei die Fingerkuppen aneinanderzulassen. Bald werden die Kinder entdecken, dass sie gemeinsam festlegen müssen, wohin der Weg gehen soll. Einer wird dabei die Richtung bestimmen und der andere wird versuchen, auf ihn einzugehen und mit ihm mitzugehen.
Nach der ersten Experimentierphase stellen Sie den Kindern das vorbereitete Papierherz zur Verfügung. Die Kinder halten dieses zwischen ihren Fingerspitzen fest. Ermutigen Sie die Kinder, im Spiel herauszufinden, wohin sie das Herz zwischen ihren Fingerspitzen transportieren möchten.

Wir haben Fingerspitzengefühl!

Ein spezieller Freunde-Gruß

Material:	–
Gruppenstärke:	2–4 Kinder
Dauer:	ca. 5 Minuten
Alter:	3–6 Jahre
Ziel:	Körperkoordination; Wertschätzung erfahren

So geht's:

Mit diesem Spruch kann man seine Freunde auf eine ganz besondere Weise begrüßen. Allerdings erfordert es von den Kindern akrobatisches Geschick und verspricht dabei jede Menge Spaß!

Rechte Hand zum linken Fuß – das ist unser Freunde-Gruß.

Linke Hand zum rechten Bein – Freunde haben, das ist fein,

denn dann ist niemand mehr allein!

Gegenseitig auf die Schenkel patschen – und danach in die Hände klatschen.

Zu guter Letzt noch Rücken an Rücken – und den Freund dann feste drücken!

Achtsame Worte zum gezielten Wahrnehmen

Diese Worte berühren und laden dazu ein, sich selbst bewusst zu spüren!

Worte sind oft schnell gesagt und gehört. Doch nicht immer können Kinder die Botschaft, die darin steckt, auch wirklich verstehen und heraushören. In der Kita sprechen viele Kinder und Erwachsene oft gleichzeitig miteinander. Eine laute Geräuschkulisse, ein „Wortwirrwarr", umrahmt oftmals das Spiel der Kinder.

Manchmal fällt es den Kindern dadurch schwer, wichtige Inhalte herauszufiltern, zu verstehen bzw. richtig zu deuten. Die Angebote des folgenden Kapitels möchten Kinder dafür sensibilisieren, gezielt hinzuhören und dabei ihre Wahrnehmung nicht nur auf das Hören der Worte zu richten. Die Mitmachsprüche oder Geschichten laden dazu ein, das gesagte Wort über das Einbeziehen aller Sinne zu verstehen.

Die Wortbotschaften fordern die Kinder zur ganzheitlichen Wahrnehmung des eigenen Körpers und der Umwelt auf.

Dabei erfahren sie, welche Worte entspannend wirken und wie man das Gesagte umsetzen kann. Wie sieht die Welt aus, die uns umgibt, und wie kann man die schönen, positiven Dinge erkennen bzw. ihnen achtsam und wertschätzend begegnen?

Welche Worte stärken die Beziehung der Kinder zueinander und vermitteln den Kindern gleichzeitig, dass für jede Einzigartigkeit und Individualität Platz ist?

Im Folgenden erwarten Sie viele achtsame und entspannende Worte, welche die Kinder auf spielerische und einfühlsame Weise für einen empathischen, wertschätzenden Umgang mit sich selbst und den anderen sensibilisieren.

Der Komplimente-Sammelsack

Material: kleine Zettel; Fasermaler; naturfarbener Stoffsack

Gruppenstärke: beliebig

Dauer: beliebig

Alter: 4–6 Jahre

Ziel: achtsamer Umgang mit Worten; gegenseitige Wertschätzung

So geht's:

Dieser Komplimente-Sack unterstützt die Kinder dabei, liebe, wertschätzende Zusprüche füreinander zu finden. Bestimmt gibt es immer wieder Momente im Alltag, wo man davon gerne Gebrauch machen möchte, weil einem ganz einfach die passenden Worte fehlen.

Sammeln Sie vorab in einer Gesprächsrunde gemeinsam mit den Kindern wertschätzende, liebenswerte Aussagen, welche Sie schriftlich auf kleinen Zettelchen festhalten, zum Beispiel *„Ich mag dich!", „Ich bin froh, dich als Freund zu haben!", „Es ist schön, mit dir zu spielen!", „Mit dir kann ich viel lachen!", „Danke, dass du für mich da bist!", „Danke, dass du mir zuhörst! " etc.* Bestimmt fällt den Kindern dazu mit Ihrer Unterstützung etwas ein. Sammeln Sie mit den Kindern diese schönen Komplimente/Zusprüche in einem ganz besonderen Stoffsack. Wenn die Kinder möchten, können sie auf dem naturfarbenen Stoffsack vorab mit Stoffmalfarben bunte Herzen aufmalen. Dadurch hat der Sack einen besonderen Wiedererkennungswert.

Immer wieder gibt es im Alltag Situationen, auch nach Konflikten, in denen man wieder aufeinander zugehen möchte oder einfach so dem Freund oder der Freundin etwas Liebes sagen möchte. Dann kann der Komplimente-Sammelsack sehr hilfreich sein. Die Erzieherin liest einem Kind, welches davon gerne Gebrauch machen möchte, daraus einige wertschätzende Aussagen vor und das Kind entscheidet, von welcher Aussage es anschließend Gebrauch machen und diese seinem Freund oder seiner Freundin sagen möchte.

Dieser Sack ist etwas ganz Besonderes!

Der „Spann-mal-an"-Entspannungsspruch

Material: Decken oder Matten

Gruppenstärke: 4–6 Kinder

Dauer: ca. 20 Minuten

Alter: 5–6 Jahre

Ziel: durch gezielte Anspannung einzelner Muskelgruppen zur Entspannung kommen; Sprachförderung

So geht's:

Stellen Sie den Kindern Decken oder Matten zum Hinlegen zur Verfügung und sprechen Sie den folgenden Spruch gezielt temporeduziert, damit die Kinder gut mitmachen können:

Ich mach mal langsam und halte an, damit ich mich entspannen kann.
Auf meinen Rücken leg ich mich, denn das entspannt mich sicherlich.
Dann mache ich die Augen zu, denn dadurch komm ich mehr zur Ruh.

Damit ich mich entspannen kann, spann ich nun meinen Bauch fest an.
Ich zähle langsam 1, 2, 3 – nun ist die Anspannung vorbei.
Ich atme ruhig und leise – auch das entspannt mich auf ne Weise.

Damit ich mich entspannen kann, spanne ich den Po nun an.
Ich zähle langsam 1, 2, 3 …

Damit ich mich entspannen kann, spann ich nun meine Hände an.
Zwei große Fäuste mach ich feste, auch das entspannt aufs Allerbeste.
Ich zähle langsam 1, 2, 3 …

Damit ich mich entspannen kann, spanne ich die Beine an.
Ich zähle wieder 1, 2, 3 …

Damit ich mich entspannen kann, spann ich nun meine Schultern an.
Will sie ganz fest in die Matte drücken, die Schultern und den ganzen Rücken.
Ich zähle wieder 1, 2, 3 …
Die Entspannung ist mir ein Genuss – mit der Anspannung ist nun mal Schluss!

Berühren und den Körper spüren

Material: –

Gruppenstärke: 4–6 Kinder

Dauer: ca. 20 Minuten

Alter: 3–6 Jahre

Ziel: gezieltes Wahrnehmen einzelner Körperteile; Entspannung und Ruhe spüren; Sprachförderung

So geht's:

Kinder in der Kita wissen bereits, dass ihr Körper aus vielen verschiedenen Körperteilen besteht. Sie wissen auch häufig, wo sich alle befinden. Doch haben sie auch schon einmal bewusst wahrgenommen, wie sich zum Beispiel ihre Ohren oder die Zehen anfühlen? Der folgende Vers lädt genau dazu ein!

Heut möchte ich mich berühren und dabei meinen Körper spüren:

***Die Nase** möchte ich berühren und sie dabei richtig spüren.*
Ich taste mich nun ganz langsam voran – wie fühlt sich meine Nase an?

***Die Wangen** möchte ich berühren und sie dabei richtig spüren.*
Ich taste mich nun ganz langsam voran – wie fühlen sich die Wangen an?

Weitere Körperteile (Haare, Hände, Arme, Bauch, Beine, Füße, Zehen …) folgen.

Toll ist es, wenn den Kindern auch ein Spiegel zum Selbst-Betrachten zur Verfügung steht.

Mit offenen Augen durch die Welt

Material: 1 Lupe pro Kinderpaar oder Kleingruppe
Gruppenstärke: je 2 Kinder zusammen oder Kleingruppe
Dauer: ca. 20 Minuten
Alter: 4–6 Jahre
Ziel: wachsames Wahrnehmen der Umgebung; Sprachförderung

So geht's:

Unsere Welt ist schön und hält viele Wunder bereit! Doch leider haben wir die Augen nicht immer weit genug geöffnet, um all das Schöne, das uns umgibt, genau zu sehen. Ein kurzer Reim stimmt die Kinder gemeinsam darauf ein, die spannenden Dinge aus der Umgebung doch einmal genauer unter die Lupe zu nehmen und sie gezielt beim Namen zu nennen.
Sprechen Sie gemeinsam den Satz und schicken Sie dann jeweils zwei Kinder gemeinsam auf Entdeckungsreise: Jedes Kind soll etwas durch die Lupe sehen und dem anderen zeigen. Sie können auch in der Kleingruppe den Satz jeweils sprechen und dann ein Kind nach dem anderen etwas finden lassen, was es allen anderen zeigt. Vor jeder neuen Entdeckung wird dann wieder der Vers gesprochen.

Mit offenen Augen geh ich durch die Welt, weil sie mir so gut gefällt.

Wenn ich etwas entdecken kann, dann halte ich mal ganz schnell an.

Sieh auch mal her, ich sehe was! Verrate mir – was ist denn das?

Stellen Sie den Kindern eine Lupe zum Entdecken zur Verfügung – das macht den Entdeckungsspaziergang noch viel interessanter.

Mit Händen und Füßen

Material: –

Gruppenstärke: beliebig

Dauer: ca. 10 Minuten

Alter: 3–6 Jahre

Ziel: das gegenwärtige Dasein freudig wahrnehmen und spüren

So geht's:

Jeder Tag hält etwas Neues und Spannendes für uns bereit. Wenn wir uns freudig und positiv darauf einstimmen, können wir garantiert jedem Tag viel Schönes abgewinnen.
Sprechen Sie dazu im Morgenkreis gemeinsam mit den Kindern einen kurzen, bewegten Begrüßungsspruch, welcher alle auf einen aktiven, schönen Tag einstimmt:

Mit meinen Händen und den Füßen will ich nun den Tag begrüßen!
Ich ***klatsche 3-mal*** *– 1, 2, 3 – ich bin hier – ich bin dabei!*

… stampfe 3-mal …

… schnippe 3-mal …

… hüpfe 3-mal …

… klopfe 3-mal …

Vielleicht fallen den Kindern noch eigene Strophen ein?

Sanft und leise

Material:	–
Gruppenstärke:	6–8 Kinder
Dauer:	ca. 20 Minuten
Alter:	4–6 Jahre
Ziel:	Kennenlernen unterschiedlicher Bewegungsmuster; Achtsamkeit beim Ausführen der Bewegungen

So geht's:

Oft bewegen wir uns im Alltag schnell, hastig und laut. Es erfordert ganz schön viel Konzentration und Achtsamkeit, Bewegungen einmal gezielt sanft und leise auszuführen – gerade auch solche, die eigentlich eher lautstark durchgeführt werden. Lassen Sie die Kinder dieses spannende Experiment im Bewegungsraum doch einmal versuchen! Der folgende Spruch unterstützt die Kinder dabei:

***Bewege dich heut sanft und leise** – versuch es mal auf diese Weise.*

Sei dabei und mach jetzt mit – setze achtsam deinen Schritt:

Gehe einmal sanft und leise – …

Springe einmal sanft und leise – …

Laufe einmal sanft und leise – ….

Galoppiere einmal – …

Klatsche einmal – …

Patsche einmal – …

Ich bin mal ganz still

Material: –

Gruppenstärke: 6–8 Kinder

Dauer: ca. 20 Minuten

Alter: 4–6 Jahre

Ziel: bewusstes Erleben von Stille, Entspannung und Meditation

So geht's:

Manchmal kann der Alltagslärm ganz schön anstrengend sein! Dann ist es Zeit, um gemeinsam in die Stille zu hören und darin Kraft zu tanken. Damit man in dieses meditative Lauschen geführt werden kann, eignet sich folgender, kurzer Mitmachspruch ganz wunderbar:

Ich bin mal ganz still, weil ich die Stille hören will.

Die Ohren werden wach und hell,

den Mund, den schließe ich gleich schnell.

Meine Augen mach ich zu und dann genieße ich die Ruh.

Machen Sie mit den Kindern ein Signal aus, wie lange der Stille-Zustand dauern soll (zum Beispiel bis ein Glöckchen läutet).

Die Eule, die schöne Dinge sah

Material: –
Gruppenstärke: 6–8 Kinder
Dauer: ca. 30 Minuten
Alter: 5–6 Jahre
Ziel: gezieltes positives Wahrnehmen; Wertschätzung geben und erleben

So geht's:

Unsere Welt besteht aus vielen schönen Dingen. Man muss manchmal genauer hinsehen, dann kann man sich auch gezielt an etwas Schönem oder vielleicht Faszinierendem erfreuen. Erzählen Sie den Kindern die Geschichte „Die positive Beobachtungseule". Ermutigen Sie die Kinder nach der Geschichte, selbst positive Beobachtungen ihrer Umgebung oder von Freunden zu machen.

Die positive Beobachtungseule

Mitten im Wald steht eine alte, große Tanne. Auf einem dicken Ast des Baumes hat eine Eule ihr Lieblingsplätzchen. Auf diesem sitzt sie jeden Tag stundenlang und beobachtet alles in ihrer Umgebung ganz genau. Mit ihren beiden großen Eulenaugen kann sie das nämlich richtig gut. Wenn sie beobachtet, dann ist sie ganz still und konzentriert sich auf das bloße Sehen. Mit langsamen Kopfbewegungen sieht sie sich um. Und stellt euch vor: Die Eule kann mit ihren großen Eulenaugen viele schöne und positive Dinge wahrnehmen. So freut sich die Eule beispielsweise, wenn sie den Wind beobachtet, der zart über die Wiese weht und die Grashalme dabei gleichmäßig tanzen lässt. Oder wenn die Sonne mit ihren schönen, kräftigen Strahlen die Welt erhellt und alles, was sie berührt, wärmt.

Eines Tages saß die Eule wieder auf ihrem Lieblingsast und war dazu bereit, schöne Dinge zu beobachten. Plötzlich flog ein Adler an ihr vorbei. Die Eule sah dem großen Vogel beim Fliegen genau zu. Sie bewunderte seine großen, weit ausgestreckten Flügel. Mit diesen glitt er sanft durch die Lüfte. Als sie ihn lange beobachtet hatte, rief sie ihm zu: „Hallo, Adler, ich finde es wunderbar, wie du durch die Lüfte gleitest!" Der Adler freute sich über den positiven Zuspruch und flog weiter. Einige Zeit später erspähte die Eule einen kleinen Regenwurm, welcher gerade die Erde des Waldbodens auflockerte und schließlich ganz rasch in einem Erdloch verschwand. Die Eule war ganz fasziniert von den schnellen Bewegungen, die der Wurm in so kurzer Zeit schaffte. Als der Regenwurm wieder aus seinem Loch blickte, rief ihm die Eule zu: „Du bist aber ein flinkes Würmchen! Es ist richtig toll, wie schnell du die Erde auflockern und dich in einem Erdloch verstecken kannst!" Der Wurm freute sich über das Lob der Eule und es gelang ihm gleich noch viel schneller, die restliche Erde aufzulockern. Die Eule sah sich weiter um. Es bereitete ihr richtig große Freude, schöne, positive Dinge wahrzunehmen. Also wartete sie mit großen, gespannten Eulenaugen auf den nächsten schönen Eindruck. Und er folgte auch schon bald. Denn es dauerte nicht lange und da huschte ein Besucher auf dem Tannenbaum der Eule herum. Das flinke, kleine Tier sprang von Ast zu Ast und rannte blitzschnell den Baumstamm hinauf und hinunter. Der buschige Schwanz flatterte durch den Zugwind. Wisst ihr, welches Tier die Eule besuchte? Genau, ein braunrotes Eichhörnchen. Die Eule musste ihre Eulenaugen ganz schnell bewegen, um dem raschen Tierchen folgen zu können. Schließlich setzte sich das Eichhörnchen neben die Eule und sprach: „Hallo, Eule! Schön hast du es hier auf deinem Ästchen!" Die Eule erwiderte: „Danke, Eichhörnchen! Ich freue mich über deinen Besuch! Übrigens finde ich es sehr bewundernswert, wie schnell du springen und laufen kannst! Ich habe dich genau beobachtet!" „Danke, liebe Eule!", entgegnete das Eichhörnchen. Sein buschiger Schwanz bewegte sich hin und her, so sehr freute sich das kleine Tier über die lieben Worte der Eule. Das Eichhörnchen war aber auch selbst ein guter Beobachter. Es hatte der Eule schon mehrere Tage zugesehen und dabei war ihm etwas aufgefallen: „Liebe Eule, ich wollte dir auch etwas sagen: Ich finde es wunderbar, wie gut du andere mit deinen großen Eulenaugen beobachten kannst! Und das Schöne daran ist, dass dir dabei ganz viele positive Dinge auffallen! Mach weiter so, denn dadurch kannst du dich täglich über etwas Schönes freuen und anderen Mut zusprechen und sie glücklich machen!" So schnell wie das Eichhörnchen auf den Baum geklettert war, so schnell war es auch wieder verschwunden. Die Eule behielt die Worte des Eichhörnchens noch lange in Erinnerung und wurde dadurch bestärkt, weiterhin die schönen Dinge des Lebens zu sehen und sich daran zu erfreuen.

Der Rüttel-Schüttel-Partnerspruch

Material:	Decken oder Matten
Gruppenstärke:	4–6 Kinder
Dauer:	ca. 20 Minuten
Alter:	4–6 Jahre
Ziel:	Entspannung erleben; achtsamen Umgang miteinander schulen

So geht's:

Hier wird gerüttelt und auch geschüttelt – aber: achtsam! Durch die Lockerung der Muskulatur verspüren die Kinder nach der sanften Rüttelmassage einen großen Entspannungseffekt. Die Kinder gehen dafür paarweise zusammen und ein Kind legt sich auf eine Decke oder Matte. Passend zu folgendem Spruch rüttelt das andere Kind ganz vorsichtig und achtsam die vorgegebenen Körperteile des Partners:

Heut möchte ich dich achtsam rütteln und deine Muskeln etwas schütteln.

Schließe die Augen und mach dich bereit, denn jetzt ist Rüttel-Schüttel-Zeit.

Ich rüttle nun vorsichtig an deinem Bein, dann kommt allmählich Entspannung hinein.

Ich rüttle nun sanft das andere Bein, dann kommt auch hier Entspannung hinein.

Ich schüttle danach ganz langsam den Arm, dann wird es dir so richtig warm.

Ich schüttle dann den anderen Arm und der wird jetzt auch richtig warm.

Nun schüttle ich ganz zart deinen Bauch – denn er mag die Entspannung auch.

Zum Schluss kann man mit dem Rütteln auch den Rücken sanft entzücken.

Sinnliche Reise durch den Körper

Material:	Matten oder Decken
Gruppenstärke:	4–6 Kinder
Dauer:	ca. 20 Minuten
Alter:	4–6 Jahre
Ziel:	gezieltes Wahrnehmen des eigenen Körpers; Entspannung erleben

So geht's:

Die Kinder liegen auf Matten oder Decken und machen es sich dabei ganz bequem. Achten Sie darauf, dass ein ruhiger Platz gewählt wird und die Kinder der meditativen Geschichte folgen können. Sprechen Sie die folgende Geschichte gezielt langsam.

Sinnliche Reise durch den Körper

Heute wollen wir gemeinsam eine Gedankenreise durch unseren Körper machen. Lege dich dabei ganz bequem hin und schließe die Augen. Versuche mit deinen Gedanken nun, durch deinen Körper zu reisen. Ich sage dir, wohin dich die Reise führt. Bist du bereit? Die Reise beginnt ganz oben, bei deinem runden Kopf. Mit deinem Kopf kannst du denken und die verschiedenen Abläufe im Körper steuern. Wenn du etwas mit deinen Ohren hörst, mit deinen Augen siehst oder mit deiner Nase riechst, dann werden deine Eindrücke im Kopf verarbeitet und richtig zugeordnet. Auch wenn du sprechen oder dich bewegen willst, ist dein Kopf für die Abläufe verantwortlich. Fühle dich einmal richtig in deinen Kopf hinein. Wenn du ihn spüren willst, kannst du deinen Kopf vorsichtig in die Matte oder Decke drücken. Mit deinem Kopf kannst du dich auch an etwas erinnern. Versuche doch einmal, an etwas ganz Schönes zu denken. Hast du die letzte, schöne Erinnerung noch vor Augen? Nimm dir dafür Zeit und genieße den schönen Gedanken daran!

Die Reise geht nun langsam weiter. Wir wandern weiter über den Hals bis zu deiner Brust. In deinem Brustkorb befinden sich wichtige Organe. Zum Beispiel dein Herz. Fühle mit deiner Hand zu deinem Herzen.

Es befindet sich auf der linken Seite. Spürst du deinen Herzschlag? Versuche, gedanklich zum Herzen zu wandern. Mach dort eine Pause und spüre bewusst die Herzschläge. Wenn du tief in deinen Brustkorb atmest, spürst du, wie er sich bewegt. Deinen Lungen werden nun mit frischem Sauerstoff versorgt. Nimm dir Zeit, um zu fühlen, wie du atmest.

Wir wandern nun ein kleines Stück weiter, bis zum Bauch. Wenn du etwas kräftiger weiteratmest und die Hand dabei auf deinen Bauch legst, kannst du spüren, wie er sich auf- und abbewegt. Reise mit deinen Gedanken zu deinem Bauch. Er ist auch für die Verdauung zuständig. Welche Mahlzeit hat dir zuletzt am besten geschmeckt oder was ist eigentlich deine Lieblingsspeise? Nimm dir Zeit, um dir dein Lieblingsessen vorzustellen und dich an seinen leckeren Geschmack zu erinnern. Die Reise geht weiter zu deinen Beinen. Bewege sie – nur ein bisschen – damit du richtig gut spüren kannst, dass du zwei Beine hast. Mit deinen Beinen kannst du deinen Körper täglich fortbewegen. Weißt du noch, wann du das letzte Mal mit ihnen ganz schnell gelaufen bist? Versuche, dich zu erinnern, was du mit deinen Beinen schon alles geschafft hast! Zuletzt wandern wir ein Stück hinauf, zu deinen Armen. Auch davon hast du zwei Stück. Denke dich nun zu deinen Armen und den Händen hin. Damit dir das besser gelingt, versuche, deine Hände zu einer Faust zu machen. Du kannst auch die Arme bewegen, um zu spüren, wo sie sind. Die Arme haben auch schon vieles geschafft. Vielleicht hast du mit deinen Händen schon mal etwas berührt, das du besonders schön gefunden hast. Eine schöne Blume oder die Hand eines Freundes. Versuche, dich daran zu erinnern, was du mit deinen Händen gespürt hast, das dir gutgetan hat.

Die Reise durch den Körper endet nun bald. Denke dich in deinem Tempo wieder zu deinen geschlossenen Augen zurück. Führe dir noch einmal gedanklich ein schönes Bild vor Augen, an das du dich erinnern möchtest, bevor du deine Augen wieder öffnest und dich reckst und streckst.

Sprechen Sie mit den Kindern nach der Gedankenreise darüber, wie es ihnen ergangen ist und bei welchem Körperteil sie die Reise als besonders schön und intensiv empfunden haben.

Die Schni-Schna-Schnecke

Material: –

Gruppenstärke: 4–6 Kinder

Dauer: ca. 15 Minuten

Alter: 3–6 Jahre

Ziel: langsames, bewusstes Fortbewegen; genaues Beobachten

So geht's:

Dieser Spruch lädt die Kinder dazu ein, ihr Bewegungstempo einmal gezielt zu drosseln. Schnecken bewegen sich langsam voran – sie zeigen uns, wie das geht! Sprechen Sie gemeinsam mit den Kindern den kurzen Mitmachvers und die Kinder machen die entsprechenden, langsamen Bewegungen dazu.

Der langsame Schni-Schna-Schnecken-Mitmachspruch

Die Schni-Schna-Schnecke kriecht ganz langsam um die Hecke.
Hat keinen Stress und lässt sich Zeit – ist das Ziel auch noch so weit!
(Die Kinder kriechen langsam im Kreis)
Die Schni-Schna-Schnecke bewegt sich immer langsam fort,
sie weiß genau: man kommt auch so von Ort zu Ort.
(Die Kinder kriechen bewusst ganz langsam durch den Raum)
Will die Schni-Schna-Schnecke etwas sehen – bleibt sie zwischendurch mal stehen. Streckt dabei ihre Fühler aus – und blickt in ein anderes Schneckenhaus.
(Die Kinder bleiben stehen und sehen ein anderes Kind an).
Will die Schni-Schna-Schnecke alleine sein,
dann kriecht sie in ihr Häuschen hinein und streckt dabei die Fühler ein.
(Die Kinder machen sich ganz klein und kauern sich zusammen.)
Die Schni-Schna-Schnecke, die kennt einen Trick:
Bewegst du dich langsam, behältst du die Dinge genauer im Blick!

Kreative Besinnungszeit zum In-sich-Kehren

Kreatives Schaffen ermöglicht uns, unsere Empfindungen, Gedanken und Gefühle auf eine ganz individuelle Weise auszudrücken. Wenn wir uns in diesen Prozess ungestört vertiefen können, schlüpfen wir ein Stück weit in eine andere Welt, fernab des Alltagstrubels. Das bewusste kreative Tun und die Konzentration auf die Tätigkeit selbst, stellen auch eine Form von Entspannung und Meditation dar.

Kinder brauchen ausreichend Zeit dafür, sich in kreative Prozesse ungestört vertiefen zu können. Dabei sammeln sie eine Reihe von Erfahrungen: angefangen vom Kennenlernen unterschiedlicher Materialien und Werkzeugen, über das Erstellen eines Handlungsplans, gefolgt vom lustvollen, kreativen Schaffen, bis hin zum Bestaunen oder auch Abändern des Entstandenen.

Wie auch jeder Mensch einzigartig ist, so fällt auch das kreative Tun des Einzelnen und das damit verbundene Ergebnis bunt und unterschiedlich aus.

Wenn wir Kinder bei kreativen Prozessen (und das beschränkt sich nicht nur auf das Malen und Gestalten) begleiten, so sollten wir ihnen dabei immer besonders achtsam und wertfrei begegnen. Gezieltes, wertschätzendes Nachfragen zwischendurch zeugt von Interesse und gibt dem Kind die Möglichkeit, sich nochmals intensiver mit seiner kreativen Tätigkeit auseinanderzusetzen.

Unsere Welt ist bunt und bietet eine Vielfalt an kreativen Inspirationen. Geben wir Kindern Zeit, um die Welt, von der sie umgeben sind, bewusst wahrzunehmen.

Die folgenden Anregungen sollen die Kinder dazu anleiten, sich auf kreative Prozesse lustvoll einzulassen. Kinder können sich auf diese Weise ihr eigenes Weltbild erschließen. Auch der Blickwinkel auf sich selbst und die eigenen Gefühle und Bedürfnisse soll nicht zu kurz kommen.

Mein Zauberwechselbild

Material: mittelgroßer Holzbilderrahmen (ggf. für jedes Kind); Acrylfarben; Pinsel; Schmuckmaterialien; Kleber

Gruppenstärke: 2–4 Kinder

Dauer: ca. 40 Minuten

Alter: 4–6 Jahre

Ziel: Wahrnehmung schärfen; achtsamen Umgang mit Dingen schulen; sich an Kleinigkeiten erfreuen können

So geht's:

Mit diesen Bilderrahmen kann man zaubern! Je nach Lust und Laune können die Kinder ihr Bild im Rahmen ändern und dabei ihre Wahrnehmung schärfen. Dafür gestalten die Kinder zunächst mittelgroße Holzbilderrahmen ganz nach Belieben bunt. Die Rahmen können an der Außenseite mit Acrylfarbe bemalt und nach dem Trocknen noch mit Schmucksteinen, Federn oder anderen Materialien beklebt werden. Sind die Rahmen getrocknet, kommen diese zum Einsatz.

Immer wenn dem Kind ein besonders schönes Detail in seiner Umgebung (im Kindergarten oder auch draußen, im Garten) auffällt, kann es diesen Eindruck mithilfe seines Holzbilderrahmens umrahmen und das Bild für eine gewisse Zeit auf diese Weise festhalten. Der Bilderrahmen wird wie eine Kamera gehalten und lädt den Entdecker zum näheren Betrachten ein. Das Tolle daran ist, dass man sein Bild so oft man möchte und jederzeit problemlos wechseln kann.

Sie können die Kinder auch einen gemeinsamen Bilderrahmen für die ganze Gruppe basteln lassen. Dieser kann dann immer von jedem Kind benutzt werden, wenn es etwas entdeckt hat. Bestimmt interessieren sich auch immer schnell die anderen Kinder dafür, was gerade betrachtet wird.

Lieblingsfarben-Collage

Material:	mittelgroße Holzspanplatte oder fester Karton; Zeitschriften; Schmuck- oder Bastelmaterialien; Naturmaterialien; Kleber; Schere; Schulmalfarbe; Pinsel
Gruppenstärke:	2–4 Kinder
Dauer:	ca. 40 Minuten
Alter:	4–6 Jahre
Ziel:	sich seiner Lieblingsfarbe bewusst werden; Freude am kreativen Schaffen erleben

So geht's:

Bestimmt hat jeder eine Farbe, die ihm besonders gut gefällt. Das folgende Angebot soll die Kinder dazu anregen, sich mit ihrer ganz persönlichen Lieblingsfarbe auf intensive Weise auseinanderzusetzen.

Dazu sammeln die Kinder zunächst Schmuck- oder Bastelmaterialien (zum Beispiel Federn, Mosaiksteinchen …), kleine Bilder aus Zeitschriften oder Naturmaterialien, in denen sie ihre Lieblingsfarbe wiederfinden.

Diese werden von den Kindern genau betrachtet. Im Anschluss bemalen die Kinder eine mittelgroße Holzspanplatte oder einen festen Karton mit Schulmalfarbe (ebenfalls in ihrer Lieblingsfarbe). Nach dem Trocknen kleben die Kinder ihre gesammelten Materialien auf die Platte oder den Karton in einem beliebigen Muster auf.

Diese besondere Lieblingsfarbencollage wird danach auf einen besonderen Platz gestellt und gewiss wollen die Kinder ihre Lieblingsfarbe darin immer wieder gerne entdecken.

Wer möchte, kann sein Bild mit weiteren gesammelten Materialien nach Lust und Laune ergänzen, wenn darauf noch Platz ist.

Freudige Gedanken

Material: Foto von Kindern, auf denen sie lachend abgebildet sind; weiße oder bunte A3-Blätter; Kleber; Buntstifte oder Fasermaler

Gruppenstärke: 2–4 Kinder

Dauer: ca. 30 Minuten

Alter: 5–6 Jahre

Ziel: bewusstes Erleben von Freude und Glück; Gefühle definieren und verbalisieren lernen

So geht's:

Jeder von uns definiert Glück und Freude anders. Jeder verbindet damit andere Gedankenbilder und Situationen.

Damit die Kinder ihre Glücks- und Freudegefühle besser zuordnen und definieren lernen, gestalten sie dazu ein besonderes Bild. Dafür wird auf ein weißes oder buntes A3-Blatt ein Foto der Kinder mittig aufgeklebt. Auf diesem Foto erkennt man deutlich, dass die Kinder lachen und glücklich sind.

Danach besprechen Sie gemeinsam mit den Kindern in entspannter, ruhiger Atmosphäre, welche Gedanken die Kinder mit dem freudigen Ausdruck verbinden. Was bringt die Kinder zum Lachen? Was macht sie glücklich?

Im Anschluss malen die Kinder mit Fasermalern oder Buntstiften jene freudigen Gedanken rund um ihr Foto auf, die sie glücklich machen oder mit welchen sie Freude verbinden. Wer möchte, kann seine gemalten Gedanken noch von Ihnen dokumentieren lassen.

Dieses Bild kann auch als „Trostbild" dienen: Wenn die Kinder traurig sind, können sie ihr Bild betrachten und daran denken, was sie glücklich macht.

Lichtblick-Fenster

Material:	schwarze Schulmalfarbe; Farbrolle aus Schaumstoff, Malerkrepp, Abdeckfolie
Gruppenstärke:	2–4 Kinder (abwechselnd, je nach Situation)
Dauer:	ca. 20 Minuten
Alter:	4–6 Jahre
Ziel:	Förderung der Kreativität; Konzentration auf die visuelle Wahrnehmung

So geht's:

Dieses Fenster zeigt uns nur Ausschnitte der Außenwelt und ist dadurch besonders spannend! Wählen Sie gemeinsam mit den Kindern ein Fenster im Gruppenraum aus, durch welches die Kinder besonders gut Geschehnisse außerhalb des Kindergartens wahrnehmen können. Besprechen Sie mit den Kindern, dass sich dieses Fenster nun zu einem Lichtblick-Fenster verwandelt. Dafür bemalen die Kinder mit einer Schaumstoffrolle und schwarzer Schulmalfarbe die Fensterscheibe. Decken Sie vorher Rahmen, Fensterbank und Boden gut ab. Beim Bemalen werden immer wieder ein paar kleine Lichtblicke, kleine viereckige Bereiche, die nicht bemalt werden, an unterschiedlichen Stellen frei gelassen. Der Rest des Fensters wird mit schwarzer Farbe bemalt. Ist alles getrocknet, gucken die Kinder durch die Lichtblicke des Fensters und nehmen dabei genau wahr, was sie sehen können. Vielleicht nimmt nicht jeder das Gleiche wahr? Vielleicht verändert sich auch etwas von Tag zu Tag oder sogar von Minute zu Minute?

Toll ist es, wenn Sie die Beobachtungen der Kinder schriftlich festhalten und man diese vergleichen kann.

Vielleicht können sich die Kinder auf ein bestimmtes Beobachtungsobjekt konzentrieren und dieses über mehrere Tage beobachten.

Meditative Steinbilder

Material:	großes Tablett; Spiel- oder Vogelsand; mehrere mittelgroße Kieselsteine; CD-Player mit ruhiger Entspannungsmusik
Gruppenstärke:	2–4 Kinder
Dauer:	ca. 20 Minuten
Alter:	4–6 Jahre
Ziel:	bewusstes Erleben von Entspannung und Ruhe; Förderung der Kreativität

Vorbereitung:

Bereiten Sie zunächst ein größeres Tablett vor, auf welches etwas Sand aufgestreut wird, so viel, dass der Boden vollständig bedeckt ist. Stellen Sie daneben einen Korb mit Steinen in verschiedenen Größen zu Verfügung. Natürlich können die Steine vorab bei einem Spaziergang mit den Kindern gesammelt werden.

So geht's:

Aus Steinen Bilder zu legen, erfordert besonders viel Vorstellungskraft. Nebenbei hat es allerdings einen sehr hohen Entspannungseffekt. Bieten Sie dieses Angebot in einem ruhigen Bereich an – abseits des Gruppengeschehens. Ein CD-Player mit ruhiger Musik, die leise im Hintergrund spielt, sorgt für eine angenehme Atmosphäre. Immer ein Kind legt nun sein ganz persönliches Steine-Bild, indem es die Steine aus dem Korb in einem beliebigen Muster auf das Sandtablett legt.

Diese Übung hilft den Kindern, im turbulenten Alltag auch einmal zur Ruhe zu kommen und sich im meditativen Rahmen auf das Legen der Steine zu konzentrieren.

Das bin ich und ich bin schön!

Material:	Spiegel (Handspiegel); Deckmalfarben, Ölkreiden oder Buntstifte; weißes A3-Papier; Buntpapier; Schere; Kleber
Gruppenstärke:	2–4 Kinder
Dauer:	ca. 40 Minuten
Alter:	4–6 Jahre
Ziel:	Förderung des Selbstwertgefühls; Erkennen von eigenen Stärken

Vorbereitung:

Schneiden Sie für jedes Kind ein Herz aus Buntpapier aus.

So geht's:

Selbstakzeptanz und Selbstachtung sind wichtige Voraussetzungen, um glücklich und zufrieden sein zu können. Jeder Mensch sieht anders aus und jeder ist auf seine Weise schön. Wissen die Kinder, wie sie aussehen und was ihnen an ihrem Körper und Aussehen besonders gut gefällt? Das folgende Kreativangebot unterstützt die Selbstachtung der Kinder! Stellen Sie den Kindern dafür einen Spiegel bereit, in welchem sie sich zunächst intensiv betrachten können. Unterstützen Sie die Selbstbetrachtung mit Fragen, die zum Dialog anregen, zum Beispiel: *„Deine Augenfarbe ist sehr interessant! Sieh mal! Wie würdest du sie beschreiben?"*

Nach dem genauen Betrachten malen die Kinder von sich selbst ein Porträtbild auf größerem Papier auf (mind. A3). Schreiben Sie auf das Herz, was die Kinder besonders an sich mögen, und kleben Sie es auf die Rückseite des Porträts.

Natürlich muss man sich bei den Selbstkomplimenten nicht ausschließlich auf Äußerlichkeiten beziehen. Es können ebenso positive Charaktereigenschaften beschrieben werden, die man an sich selbst besonders gerne mag.

Naturgetreue Drucke

Material: gesammelte Naturmaterialien; Schulmalfarben in denselben Farben der Materialien; Papier; Pinsel; Lupe

Gruppenstärke: 4–6 Kinder

Dauer: ca. 30 Minuten

Alter: 4–6 Jahre

Ziel: detailgetreues Wahrnehmen von Naturmaterialien; Natur und ihre Geschenke wertschätzen

So geht's:

Diese Abdrücke haben ein besonders naturgetreues Aussehen! Vorab sammeln die Kinder im Freien Naturmaterialien, von welchen sie im Anschluss auf Papier einen Naturdruck gestalten möchten.

Dies können Blätter, Steine, Tannenzapfen, Blüten etc. sein. Mit einer Lupe untersuchen die Kinder nun ganz genau an, aus welchen Farbzusammensetzungen ihr gesammeltes Material besteht. Meistens zeichnet sich dieses nicht durch einen einzelnen Farbton aus. Die Kinder versuchen im Anschluss, ihr Naturmaterial mit möglichst denselben Farben an den gleichen Stellen mit Schulmalfarben zu bemalen.

Danach drucken sie das Naturmaterial auf einem Papierblatt ab. Gelingt es, den Druck möglichst naturgetreu zu gestalten?

Diese Übung erfordert erhöhte Konzentration und eine sehr genaue Wahrnehmung.

Halbe Sachen zum Weitermachen

Material:	Fotoapparat; Drucker (um das Foto gleich auszudrucken); weißer Fotokarton; Schulmalfarbe; Pinsel; Fasermaler oder Buntstifte
Gruppenstärke:	4–6 Kinder
Dauer:	ca. 30 Minuten
Alter:	5–6 Jahre
Ziel:	genaue Wahrnehmung; Förderung der Kreativität

So geht's:

Die Kinder wählen vorab einen Gegenstand aus, welcher ihnen besonders gut gefällt. Dies kann sowohl etwas von drinnen sein, beispielsweise ein Spielmaterial, als auch ein schöner Eindruck im Freien. Dieser wird im Anschluss so fotografiert, dass nur die Hälfte des Gegenstandes geknipst wird. Danach drucken Sie das Foto im besten Fall gleich an einem Farbdrucker in einem etwas größeren Format (A4) aus und kleben es auf einen weißen Fotokarton auf.

Haben die Kinder ihr ausgewähltes, halbes Bild vor sich, malen sie entweder mit Schulmalfarbe oder mit Fasermaler bzw. Buntstiften die zweite Bildhälfte dazu.

Auf diese Weise befassen sich die Kinder noch einmal ganz intensiv mit ihrem schönen Eindruck.

Wir machen keine halben Sachen!

Meine Sinnesschatzkiste

Material: Schuhkarton für jedes Kind; Schulmalfarben; Pinsel; Motivstanzer; Glitzer; Schmucksteine; Bastelkleber; Buntpapier; unterschiedliche Gegenstände für die Lieblings-Sinneseindrücke

Gruppenstärke: 2–4 Kinder

Dauer: ca. 30 Minuten

Alter: 5–6 Jahre

Ziel: bewusstes Erleben von sinnlichem Genuss; Entspannung erleben

So geht's:

Vorab gestalten die Kinder die Außenseiten ihres Schuhkartons ganz nach Belieben. Stellen Sie den Kindern für die Gestaltung Schulmalfarben, Motivstanzer, Buntpapier, Glitzer, Schmucksteine und Bastelkleber zu Verfügung. Danach überlegen die Kinder, welche Sinneseindrücke ihnen besonders guttun. Vielleicht haben die Kinder ein ganz besonderes Bild oder Foto, das sie gerne ansehen? Dann kommt dieses in die Schatzkiste und dient als schöner Sinneseindruck für die Augen. Vielleicht gefällt den Kindern eine CD mit einem Lied ihrer Wahl oder der Klang eines kleinen Instrumentes besonders gut? Dann kommt auch das nach Möglichkeit in die Sinnesschatzkiste, um den Hörsinn zu verwöhnen. Lieben die Kinder Orangenduft, dann kommen beispielsweise einige Tropfen von einem ätherischen Orangenöl auf ein Wattebäuschchen. Auch ein Lavendelsäckchen oder ein Zimtstern kann den Geruchssinn erfreuen. Gemeinsam wird überlegt, was die Kinder gerne fühlen. Eine kuschelige Feder oder ein Stück eines Samtstoffes ist gewiss ein schönes Sinneserlebnis für den Fühl- und Tastsinn. Was schmeckt den Kindern gut? Vielleicht kann ein besonderes Bonbon den Geschmacksinn verwöhnen? Die Sinnesschatzkiste soll dafür da sein, um sich ganz bewusst eine sinnliche Auszeit vom Alltag zu nehmen und das Sinneserlebnis dabei bewusst zu spüren und zu genießen.

Blinde Fingerfarbenkünstler

Material:	Augenbinde für jedes Kind; Tischabdeckung, Packpapierbogen; Fingerfarbe in Plastikbehältnissen; Moosgummi-Ziffern; Kleber
Gruppenstärke:	2 Kinder
Dauer:	ca. 30 Minuten
Alter:	5–6 Jahre
Ziel:	Schulung der taktilen Wahrnehmung; Steigerung der Aufmerksamkeit und Konzentration; Förderung der Kreativität und des Selbstvertrauens in eigene Handlungen

Vorbereitung:

Vorab bereiten Sie die Schulmalfarben sowie einen großen Packpapierbogen vor. Decken Sie die Tische gut ab. Die Schulmalfarben in Blau, Rot, Gelb und Grün werden in Plastikbehältnisse gefüllt. An den Außenseiten der Plastikbecher werden aus Moosgummi oder Fotokarton ausgeschnittene Zahlen (von 1–4) geklebt. Die Kinder merken sich vorab gut, welche Zahl welcher Farbe zugeordnet wurde.

So geht's:

Heute agieren die Kinder als blinde Fingerfarbenkünstler, die nach gewissen Farberkennungsmerkmalen arbeiten. Die Kinder erhalten jedes eine Augenbinde und die vier Farbbecher mit Pinsel sowie das Packpapier. Die Kinder beginnen nun, ihr Kunstwerk mit Fingerfarbenmalerei zu gestalten. Haben sie einen konkreten Farbwunsch, müssen sie vorab genau die Zahl an der Außenseite erfühlen, um zu wissen, welche Farbe sich darin befindet. Haben die Kinder ihr Kunstwerk fertig gestaltet, nehmen sie die Augenbinde ab und betrachten genau, was aus der blinden Malerei entstanden ist und ob es ihrer Farbvorstellung entsprochen hat. Diese Malaktion stellt garantiert eine spannende Sache für die kleinen Künstler dar!

Lichtstrahlmalerei

Material: Papierrolle oder Packpapier; Leuchtmarker; Taschenlampe

Gruppenstärke: je 2 Kinder zusammen

Dauer: ca. 20 Minuten

Alter: 4–6 Jahre

Ziel: genaues Beobachten; Schulung der Auge-Hand-Koordination

Vorbereitung:

Dunkeln Sie den Raum gut ab und legen Sie großflächig Packpapier auf dem Boden aus.

So geht's:

Stellen Sie den Kindern eine Taschenlampe sowie einen Leuchtmarker zur Verfügung. Schon beginnen zwei Kinder mit der lustigen Lichtmalerei. Ein Kind zeichnet dafür mit der Taschenlampe langsam einen Lichtweg auf dem Papier auf. Das andere Kind versucht, diesem mit dem Leuchtmarker genau zu folgen.

Zum Schluss betrachten die Kinder bei Tageslicht ihr Kunstwerk. Welchen Weg ist das Licht gegangen?

Immer dem Lichtstrahl folgen!

2 ACHTSAME HALTUNG UNTER ERWACHSENEN

Verbindende Impulse für die Erziehungspartnerschaft mit den Eltern

Eltern vertrauen uns Erzieherinnen etwas sehr Kostbares an: ihre Kinder. Wir haben die wunderschöne Aufgabe, die uns anvertrauten Kinder in ihrer Entwicklung ein Stück weit zu begleiten und den Entwicklungsprozess durch das Schaffen einer guten Beziehung zu den Kindern und eines optimalen Rahmens in der Kita zu unterstützen.

Damit dies gelingt, ist auch ein guter Beziehungs- und Vertrauensaufbau zu den Eltern wichtig. Wurde eine Vertrauensbasis geschaffen, lässt es sich leichter über positive Entwicklungsbeobachtungen oder manchmal auch über Probleme und Unsicherheiten in der Erziehung sprechen. Jeder Elternteil wünscht sich für sein Kind das Beste. Doch die Erziehung und die Werte in den einzelnen Familien sehen oft unterschiedlich aus. Darum ist es wichtig, dieser Tatsache achtsam, respektvoll und einfühlsam entgegenzutreten. Die folgenden Übungen verfolgen das Ziel, den Vertrauensaufbau zu den Eltern zu stärken und individuelle Familienrituale wertzuschätzen.

Eltern wollen oftmals wissen, was ihr Kind in der Kita alles erlebt. Mit wem spielt es gerne? Wie kann es mit Frustration umgehen? Was kann das Kind schon selbstständig bewältigen? Eltern haben viele Fragen, wenn sie ihr Kind von der Kita abholen. Geben Sie den Eltern die Möglichkeit des regelmäßigen Einblicks. Die Transparenz unserer Arbeit schafft zusätzliches Vertrauen und Zufriedenheit bei den Eltern. Sie sehen und spüren dann, dass ihr Kind in der Kita gut und liebevoll umsorgt wird.

Die folgenden Impulse wollen genau das erreichen. Schaffen Sie auch, abgesehen von den gemeinsamen Festen des Jahreskreises, Möglichkeiten für Eltern, ihre Kinder in der Kita zu besuchen. Lassen Sie die Eltern bei manchen Kita-Angelegenheiten ein Stück weit mitentscheiden und mitorganisieren. Und informieren Sie die Eltern regelmäßig über die pädagogische Arbeit, denn: Informierte Eltern sind auch zufriedene Eltern!

Der Genuss-Vormittag

Viele Eltern wollen gerne wissen, wie es ihrem Kind in der Kita geht. Mit welchen Freunden spielt es? Wie verhält sich das Kind im Gruppengeschehen? Wie sieht ein Vormittag in der Kita eigentlich aus?

Gemeinsame Feste verbinden zwar auch, ermöglichen Eltern aber selten konkrete Alltagsbeobachtungen des eigenen Kindes. Geben Sie den Eltern die Möglichkeit, solche Beobachtungen im Kita-Alltag zu machen.

Laden Sie die Eltern zu einem Genuss-Vormittag in die Kita ein, wo sie ihr Kind gezielt an einem Vormittag beobachten können und dabei auch sehen, dass ihr Kind bei Ihnen und Ihrem Team in der Kita gut aufgehoben ist und sich in einem liebevollen Umfeld entwickeln kann.

Erstellen Sie dafür vorab ein Plakat, beispielsweise mit der Aufschrift *„Genuss-Vormittag für Eltern – Zeit zum Beobachten und Genießen"*, und bieten Sie eine Liste mit unterschiedlichen Terminen an, zu denen sich Eltern einzeln eintragen können. Überlegen Sie sich mit den Kindern vor dem Genuss-Vormittag etwas Besonderes: zum Beispiel ein besonderes, gemeinsames Essen oder eine Teilnahme an einer Massage, einer Singrunde, einem besonderen Spiel etc. – etwas, das man gemeinsam genießen kann. Machen Sie nach dem Genuss-Vormittag abschließend ein Foto vom Kind und den Eltern. Gestalten Sie daraus eine Karte, beispielsweise mit folgender Aufschrift: *„Danke, dass du gemeinsam mit mir einen Vormittag in der Kita genossen hast!"*

Natürlich ist es auch mit organisatorischem Aufwand verbunden, jedem Elternteil einen Vormittag in der Kita zu gönnen. Bedenken Sie jedoch immer, dass gerade solche Begegnungen das gegenseitige Vertrauen zusätzlich stärken. Man lernt sich besser kennen, fasst vielleicht den Mut, im kleinen Rahmen Fragen zu stellen, und die Eltern sehen vor allem: Meinem Kind geht es in der Kita gut.

Achten Sie bei der Terminvergabe darauf, dass die Termine nicht zu knapp hintereinander gewählt werden und sich gut über das Kita-Jahr verteilen, um etwaigem Stress vorzubeugen.

Werte- und Bedürfnis-Liste

Jeder Mensch ist anders, jeder hat andere Wertvorstellungen und andere Wünsche/Bedürfnisse. Das gilt natürlich auch für die Erziehung der Kinder. Um Eltern bei der Erziehung ihrer Kinder gut zu unterstützen, ist es wichtig, darüber informiert zu sein, welche Wertvorstellungen die Eltern in Bezug auf die Erziehung ihrer Kinder haben und welche Bedürfnisse damit verbunden sind.

Was wünschen sich Eltern für ihr Kind? Worauf sollte man im Alltag besonders achten? Was braucht das Kind in speziellen Situationen, wenn es beispielsweise traurig ist? Um wichtige Fragen vorab zu klären und zu besprechen, ist es von Vorteil, mit den Eltern bei einem persönlichen Erstgespräch mithilfe eines Fragebogens über ihre Wertvorstellungen und Wünsche in der Erziehung und die Bedürfnisse ihrer Kinder zu sprechen. Das ermöglicht eine sensible Begleitung der Kinder und stärkt die Erziehungspartnerschaft zu den Eltern.
Erstellen Sie dafür pro Kind eine Liste, beispielsweise mit den folgenden Fragen:

- Was wünschen Sie sich für Ihr Kind in der Kita?
- Was braucht Ihr Kind in speziellen Situationen (z. B. wenn es traurig ist)?
- Wo braucht Ihr Kind noch vermehrt Begleitung und Unterstützung im Alltag?
- Welche Stärken/besonderen Fähigkeiten hat Ihr Kind?
- Wo sehen Sie noch Entwicklungsbereiche?
- Welche Vorlieben hat Ihr Kind? (auf das Spiel bezogen oder auch Rituale von zu Hause)
- Worauf legen Sie bei der Erziehung Ihres Kindes besonderen Wert?

Es ist wichtig, die Liste von Zeit zu Zeit bei den Elterngesprächen zu aktualisieren, da sich Kinder stets weiterentwickeln und sich somit auch die Bedürfnisse verändern. Vielleicht ändert sich manchmal auch im familiären Rahmen etwas, das es erfordert, der sensiblen Begleitung der Kinder in der Kita einen anderen Schwerpunkt zu geben.

Rück- und Einblicke

Was hast du heute in der Kita erlebt? Sehr häufig werden Kinder mit solchen oder ähnlichen Fragestellungen ihrer wissbegierigen Eltern konfrontiert. Erzählfreudige Kinder sprechen oft schon beim Abholen sehr detailgetreu von den Erlebnissen des Tages. Andere Kinder sind hier eher schweigsam und verraten ihren Eltern nur selten oder ungern, was sie alles erlebt haben.

Für eine gute Zusammenarbeit ist es jedoch von großer Bedeutung, die pädagogische Arbeit mit den Kindern in der Kita transparent zu machen und den Eltern somit Einblicke zu geben, was ihre Kinder in der Kita alles erleben.

Fotos sind sehr aussagekräftig und geben einen wunderbaren Ein- bzw. Rückblick auf schöne, spannende Erlebnisse und Lernprozesse. Das Gestalten von Aushängeplakaten ist eine Möglichkeit, um der Arbeit Transparenz zu verleihen. Doch häufig bleibt in der Bring- und Abholsituation zu wenig Zeit, um auf den Aushang und die Fotos näher einzugehen oder dazu etwas zu erzählen.

Ein Diashow-Nachmittag hingegen bietet im entspannten Rahmen die Möglichkeit, Fotos gemeinsam mit den Eltern zu betrachten und dabei zu erzählen, welche Projekte in der Kita behandelt wurden oder was die Kinder im Alltag alles erlebt haben. Laden Sie die Eltern zu einem solchen, gemütlichen Nachmittag in die Kita ein. Stellen Sie sicher, dass Ihnen für eine solche Vorführung die erforderlichen Einwilligungen der Eltern zu den Kinderfotos vorliegen.

Wählen Sie dafür vorab Fotos von schönen Erlebnissen aus und sprechen Sie beim gemeinsamen Betrachten über die Erlebnisse oder Projekte – über Ihre pädagogischen Schwerpunkte.

Vielleicht entwickeln sich beim Betrachten auch gemeinsame Ideen, laufende Projekte ausklingen zu lassen, wie beispielsweise ein Themenfest oder ein Ausflug, bei dem auch die Eltern aktiv einbezogen werden.

Positive Kurzberichte

Viele Eltern möchten beim Abholen nur zu gerne wissen, wie es ihrem Kind an diesem Tag in der Kita ergangen ist.

Hat das Kind mit Freunden gespielt? War es glücklich oder manchmal traurig? Was hat es heute erlebt? Was kann es eigentlich schon? Gibt es aktuelle Lernfortschritte?

Kurze Tür-und-Angel-Rückmeldungen können den spontanen Informationsdrang der Eltern rasch zufriedenstellen, denn die Zeit bis zu einem ausführlichen Gespräch kann oft länger dauern.

Nutzen Sie daher die Gelegenheiten beim Abholen oder Bringen für solche kurzen Rückmeldungen. Eltern freuen sich sehr, wenn man ihnen über ein paar positive Worte rückmeldet, was ihre Kinder erlebt oder vielleicht sogar in der Kita gelernt haben. Es stärkt den gegenseitigen Vertrauensaufbau und gibt den Eltern auch das Gefühl, dass man ihr Kind im Alltag genauer beobachtet, und es zeigt den Eltern, dass Ihnen das Kind wichtig ist.

Ein Familienritual in der Kita

Rituale stärken unsere Kinder! Doch jede Familie hat eigene Rituale, die den Kindern wichtig sind und mit welchen sie gut vertraut sind. Diese Rituale geben Sicherheit und stärken die Persönlichkeitsentwicklung der kleinen Leute. Vielleicht ist es ein Spruch, den die Kinder gemeinsam mit ihren Eltern regelmäßig sprechen, oder ein Bilderbuch, das gemeinsam immer wieder gerne betrachtet wird?

Fragen Sie die Eltern doch einmal nach dem Familien-Lieblingsritual. Vielleicht möchten die Eltern dieses auf einem Blatt mit der Überschrift „Das ist unser Familienritual" näher ausführen. Wer möchte, kann auch ein Foto dazukleben.

Planen Sie von Zeit zu Zeit einen „Familienrituale-Tag", wo jedes Kind, das möchte, sein Lieblingsritual von zu Hause in die Kita „mitbringen" (also dort vorstellen) darf.

Bestimmt werden viele Kinder stolz darauf sein, ein Stück von zu Hause mit in die Kita zu tragen. Für die anderen Kinder der Gruppe ist es spannend, unterschiedliche Rituale von verschiedenen Familien kennenzulernen.

Auch die Eltern werden in ihren erzieherischen Handlungen wertgeschätzt und bestärkt und vielleicht auch dazu ermutigt, Ritualen einen fixen Platz im Alltag zu geben.

Rituale stärken unsere Kinder!

Die Impuls-Pinnwand

Auch Eltern wollen sich manchmal gerne mit guten Ideen und Vorschlägen in die Kita einbringen. Um eine gute Erziehungspartnerschaft mit den Eltern zu pflegen und ihre Wünsche und Bedürfnisse oder auch Ideen wahrzunehmen, kann eine Impuls-Pinnwand für Eltern hilfreich sein. Hängen Sie dafür eine Korktafel im Garderobenbereich an die Wand und legen Sie in der Nähe kleine Zettelchen und Heftzwecken bereit. Erklären Sie bei einem Elternabend, dass diese Pinnwand für Vorschläge und Ideen der Eltern offen ist, beispielsweise gemeinsame Projekte, die Eltern gemeinsam mit den Kita-Kindern umsetzen möchten (zum Beispiel im Garten ein Gemüsebeet errichten), oder gemeinsame Ausflüge planen und vieles mehr …

Haben die Eltern einen Vorschlag, können sie diesen auf einen Zettel schreiben und an die Pinnwand heften. Die Rückseite des Zettels versehen die Eltern mit ihrem Namen und sobald die Erzieherin den Zettel gelesen hat, kann sie mit den jeweiligen Eltern über die Idee sprechen und gemeinsam etwas planen.

Die Eltern ein Stück weit in Ihre eigene Bildungsarbeit einzubeziehen, ist wichtig, um ihnen zu zeigen, dass das positive Zusammenwirken aller Personen, die am Entwicklungsprozess der Kinder beteiligt sind, für die Kinder gewinnbringend und kostbar ist.

Viele Eltern sind oft sehr zaghaft, wenn es darum geht, Ideen oder Wünsche auszusprechen. Ermutigen Sie die Eltern zum Beispiel beim Elternabend dazu, keine Scheu davor zu haben, Wünsche oder Ideen auf die Pinnwand zu heften. Die Pinnwand stellt eine „Brücke" zum persönlichen Gespräch dar. Manches Wort schreibt sich einfach leichter, als dass man darüber spricht.

Vorschläge und Ideen der Eltern sind erwünscht!

Energiegedanke an mein Kind

Kinder durchlaufen während ihrer Entwicklung verschiedene Phasen. Es ist wunderschön, sie dabei zu begleiten und zu sehen, wie sie heranwachsen. Alle Eltern möchten das Beste für ihr geliebtes Kind. Doch wir alle wissen, dass es neben den unzählbar vielen schönen, unbeschwerten Momenten auch welche gibt, die sich schwieriger gestalten. Manchmal kommt es vor, dass Eltern uns Erzieherinnen von Schwierigkeiten und Problemen in der Erziehung berichten. Im gemeinsamen, persönlichen Austausch werden vielleicht neue Ideen und Tipps erarbeitet, die dabei helfen können, in bestimmten Situationen neue Wege in der Begleitung der Kinder einzuschlagen. Um schwierigen Phasen einen positiven Touch zu verleihen, kann es sehr hilfreich sein, schöne, positive Gedanken parat und griffbereit zu haben. Helfen Sie den Eltern dabei, solche Gedanken in greifbarer Nähe zu haben und sich dadurch bewusst vor Augen führen zu können, dass eine gute, entspannte Begleitung wichtig für eine gesunde Entwicklung der Kinder ist.

Im Rahmen eines Elternabends zum Beispiel gestaltet jeder Elternteil ein Faltherz aus Papier. In die Herz-Innenseite schreiben die Eltern in kurzen, beschreibenden Worten, was sie an ihrem Kind besonders lieben. Neben den positiven Charaktereigenschaften können natürlich auch gemeinsame Erlebnisse festgehalten werden.

Dieses Herz bewahren die Eltern zu Hause an einem besonderen Platz auf. Je nach Bedürfnis, zum Beispiel in schwierigeren Zeiten, können die Eltern darauf einen Blick werfen und sich vor Augen führen, dass nach jeder schwierigen Phase gewiss wieder eine positive folgt.

Der Herz-Inhalt kann natürlich jederzeit ergänzt oder ausgetauscht werden. Vielleicht möchte auch jemand ein besonderes Erinnerungsfoto beilegen.

Wertschätzende Impulse für das Kita-Team

Ein Team besteht aus mehreren Personen, die an der Umsetzung gemeinsamer Ziele arbeiten. In der Kita verfolgen die Teammitglieder das Ziel, alle Kinder mit ihrer Einzigartigkeit und ihren individuellen Bedürfnissen wahrzunehmen und sie in ihrer Entwicklung bestmöglich zu begleiten und zu fördern.

Die Zieldefinierung ist für alle Personen gleich. Bei der Umsetzung des Ziels erfährt man in der Zusammenarbeit manchmal Unterschiede. Das liegt daran, dass jeder individuelle Stärken und Schwächen hat, die er ganz unterschiedlich einsetzen und nutzen kann. Nicht selten kommt es aufgrund der Unterschiede zu Missverständnissen bei der Zusammenarbeit.

Um einander im Team achtsam und wertschätzend begegnen zu können, ist es hilfreich, herauszufinden, worin die Stärken jedes Einzelnen liegen, und im Anschluss gemeinsam zu überlegen, wie man diese gezielt einsetzen kann.

Die folgenden Tipps sollen stärkend für alle Team-Mitglieder des Kita-Teams sein.

Sie regen dazu an, jeden Einzelnen in seiner Persönlichkeit anzunehmen, zu achten und wertzuschätzen.

„Es ist schön, mit dir zusammenzuarbeiten!“ – haben Sie das Ihrer Arbeitskollegin schon einmal gesagt? – Wenn nicht, dann sollte man keine Zeit mehr verlieren, um wertschätzende Worte auch auszusprechen.

Anbei finden Sie viele einfache Impulse, die vielleicht bekannt wirken, doch trotzdem hat man gewiss das eine oder andere noch nicht bewusst umgesetzt!

Das ABC der guten Kooperation

Kinder können sich dann optimal entwickeln, wenn alle Personen, die am Entwicklungsprozess beteiligt sind, gut miteinander kooperieren.
Gute Kooperation setzt voraus, dass man gemeinsame Ziele verfolgt.
Um diese Ziele klar definieren zu können, gestalten Sie gemeinsam mit dem Team ein Plakat mit der Überschrift „Das ABC der guten Zusammenarbeit".
Schreiben Sie auf der linken Plakatseite untereinander die Buchstaben des ABC auf.
Überlegen Sie gemeinsam mit den Kolleginnen, welche Aspekte für eine gute Kooperation wichtig sind. Das ABC unterstützt dabei, die passenden Schlagwörter zu finden, zum Beispiel A – wie „achtsamer Umgang"; oder G wie „Gefühle mitteilen" usw.
Hängen Sie das ABC anschließend im Teambereich auf, damit jeder es sehen und sich an die gemeinsam erarbeiteten Punkte erinnern kann.

A – achtsamer Umgang

B – bewusste Begrüßung

C – Chancen geben

D –

E –

Dieses ABC der guten Kooperation eignet sich auch wunderbar für die Zusammenarbeit mit den Eltern und kann gemeinsam bei einem Elternabend gestaltet werden.

Der Team-Schatz

Jedes Team setzt sich aus vielen unterschiedlichen Persönlichkeiten zusammen und jedes Teammitglied hat andere Stärken – toll ist es, wenn man sie erkennt und gezielt einsetzen kann!

Alle Teammitglieder überlegen im Rahmen eines Teamgespräches am Jahresende oder zu Jahresbeginn in einer ruhigen, angenehmen Atmosphäre, was sie im vergangenen Jahr geschafft haben. Bestimmt fällt jedem mindestens ein Erfolgserlebnis ein, über das man sich besonders gefreut hat. In Selbstreflexion soll nun jedes Teammitglied für sich überlegen, welche persönliche Stärke es nutzen konnte, um manche dieser Ziele zu erreichen.

Diese Stärke wird nun in Schlagworten auf ein Kärtchen geschrieben und auf die Rückseite ein Foto des Teammitglieds geklebt. In einer entspannten Gesprächsrunde werden die Stärke/n gegenseitig vorgelesen und als Schatz betrachtet. Diese Kärtchen kann jeder für sich aufbewahren oder man möchte sie in einer gemeinsamen Schatzkiste sammeln (wer keine zur Verfügung hat, kann natürlich auch eine Schuhkartonschachtel nehmen).

Beim Planen von gemeinsamen Vorhaben ist es durchaus hilfreich, einen Blick auf die persönliche Stärke-Karte und die der anderen zu werfen, um diese zu erkennen und gezielt einsetzen zu können.

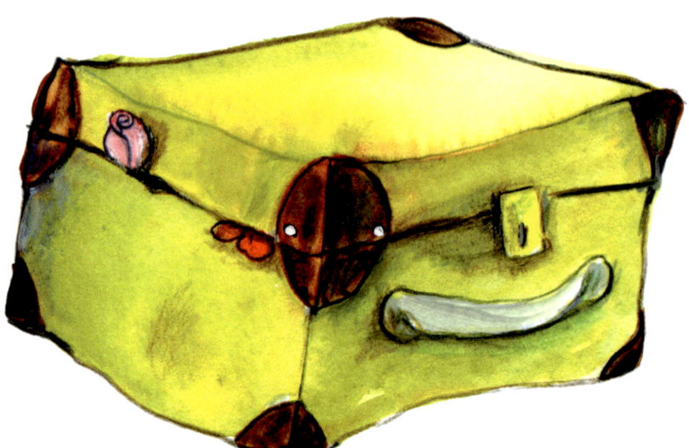

Wohlbefindens-Check zwischendurch

„Wie war dein Vormittag oder die Woche? Wie ist es dir ergangen?" – Um ein gutes Klima in der Kita gewährleisten zu können, ist es wichtig, dass sich alle Personen darin wohlfühlen. Das gilt natürlich auch für das Kita-Personal!

Manchmal neigt man dazu, schwierige Situationen, die man selbst als anstrengend oder wenig zufriedenstellend empfunden hat, nicht sofort mit einer Person seines Vertrauens zu besprechen. Doch Tipps von Kolleginnen oder allein das offene Ohr des anderen können sehr wohltuend sein! Häufig lässt man negative Erfahrungen bei sich. Damit sich aber nicht zu viel ansammelt, ist es ratsam, zwischendurch einen Wohlbefindens-Check mit seinen Kolleginnen zu machen. Vielleicht hat man vor Dienstschluss oder, noch besser, bei einem Teamgespräch, die Gelegenheit, mit seinen Kolleginnen gemeinsam Situationen des Kita-Alltags, die einem am Herzen liegen, zu reflektieren und Ratschläge oder Erfahrungsberichte von anderen zu hören. Manchmal kann man sich davon kostbare Tipps mitnehmen oder einfach das Gefühl entwickeln, dass man mit seinen Problemen nicht allein ist.

Zeigen Sie daher Mut und haben Sie keine Scheu davor, sich gegenseitig zwischendurch einmal die Frage zu stellen: *„Wie ist es dir heute ergangen?"*

Wie geht es dir?

Abwechslung tut gut!

Es gibt Tage, da hat man das Gefühl, dem eigenen Alltagstrott nicht zu entkommen. Es scheint manchmal, als koche man immer in derselben Suppe und die schmackhafte Abwechslung im Alltag bliebe aus. Diese ist jedoch für einen gewinnbringenden Perspektivwechsel wichtig.

Starten Sie dafür mit Ihren Kolleginnen ein Experiment: Tauschen Sie im Alltag, nach guter Absprache und wenn es gerade gut passt, einfach mal die Rollen.

Übernehmen Sie beispielsweise einmal am Vormittag die Kinder Ihrer Kollegin für ein bestimmtes Angebot (einen Morgenkreis, eine Turneinheit ...).

Gibt es Dinge, die im Team fix eingeteilt sind? Wenn ja, dann werfen Sie den Plan doch einmal gezielt durcheinander! Ein Rollentausch im Alltag ermöglicht das Sammeln unzähliger, kostbarer Erfahrungen. Außerdem unterstützt es Teammitglieder dabei, gegenseitige Empathie für besondere Situationen zu entwickeln und vielleicht auch für Problemfälle gemeinsam neue Lösungen zu finden.

Wagen Sie das Experiment, denn: Abwechslung tut nicht nur Ihnen, sondern auch den Kindern gut!

Zusammenarbeit versüßen

Nicht nur private Freundschaften muss man pflegen! Eine gute Zusammenarbeit im Team stärkt es besonders, wenn man sich zwischendurch gegenseitig wertschätzende Worte zuspricht.

Wir alle wissen, dass im stressigen Alltag dafür manchmal schlicht die Zeit fehlt und somit der wertschätzende Blick auf die Fähigkeiten und Stärken des anderen zu kurz kommen kann. Trotz allem ist es für eine gute Zusammenarbeit überaus kostbar, wenn man die Arbeit oder das Agieren der Kollegin bewusst wahrnimmt und keine Scheu davor hat, die positiven Beobachtungen an- und auszusprechen und dem anderen auf diese Weise mitzuteilen:
„Ich schätze dich und deine Arbeit sehr!"

Wertschätzungen dieser Art können sehr ermutigend, energie- und kraftbringend sein und stärken die tägliche Zusammenarbeit.

Mit Freude in den Tag starten

Jeder Tag hält etwas Neues, Überraschendes bereit. Manches können wir schon vorausplanen. Mit vielen Dingen verbinden wir gewiss auch Vorfreude.

Und Vorfreude ist etwas Schönes und Wohltuendes. Erleben wir Freude, schüttet unser Gehirn ein Glückshormon (Dopamin) aus. Umso öfter sollten wir uns dieses Glücksgefühl, das uns beflügelt und wachsam macht, auch bewusst gönnen.

Und wir sollten es mit unseren Kolleginnen teilen: Machen Sie ein bewusstes Ritual daraus, sich gerade im Frühdienst besonders positiv zu begegnen.

Überlegen Sie gemeinsam, was der Tag wohl bringen wird. Gibt es etwas, das man schon geplant hat und worauf man sich besonders freuen kann? Dann sollte man das gezielt machen! Gewiss hält jeder Tag irgendetwas Schönes bereit. Das müssen keine großen Dinge sein. Werden Sie nicht zynisch oder ironisch, sondern verhelfen Sie einander zu einer positiven Grundstimmung in den Tag.

So kann das ganze Team den Tag positiv beginnen und Sie werden bestimmt auch am Ende des Tages noch davon zehren können.

Freude am Morgen vertreibt Kummer und Sorgen!

Energie- und Ermutigungskarten

Worte sind oft schnell dahingesagt und geraten nach dem Gespräch manchmal wieder in Vergessenheit. Energie- und Ermutigungskarten für das Team, auf denen die Botschaft schriftlich festgehalten ist, ermöglichen jedem Teammitglied eine nachhaltigere Wirkung des positiven Zuspruches der Kollegin.

Setzen Sie dafür, je nach Stimmung und Bedürfnis, kleine Energie- und Ermutigungskarten ein. Möchten Sie einer Kollegin eine besondere Botschaft übermitteln, so können Sie das über eine Postkarte, ein Foto oder ein ausgedrucktes Bild mit einem schönen Spruch auf eine sehr wertschätzende und achtsame Weise machen. Stellen Sie doch gleich mehrere Energie- und Ermutigungskarten her und legen Sie diese an einen zentralen Ort, (zum Beispiel auf den Schreibtisch des Besprechungszimmers), zu dem jedes Team-Mitglied freien Zugang hat. Je nach Bedürfnis und Wunsch, können die Karten von dort entnommen und einem beliebigen Team-Mitglied überreicht werden oder als Überraschungseffekt, zum Beispiel in den Spind oder auf den Schreibtisch gelegt werden.

Hier finden Sie ein paar Anregungen:

- *Kleine Karte – große Wirkung!*
- *Danke für deinen Einsatz!*
- *Du machst das wunderbar!*
- *Gönn dir einen Auszeit-Moment.*
- *Du hast tolle Ideen. Danke dafür!*
- *Es ist schön, mit dir zusammenzuarbeiten.*
- *Danke für deine Unterstützung!*
- *Kopf hoch! Alles wird gut.*
- *Ich habe immer ein offenes Ohr für dich.*

Kraftspendende Momente für mich

Jeder Tag bringt neue Herausforderungen, denen wir gewachsen sein wollen. Gerade wenn wir mit Menschen arbeiten, geraten wir täglich in neue und teilweise auch völlig unbekannte Situationen. Doch um andere gut begleiten und sie umsorgen zu können, dürfen wir auch nicht vergessen, auf uns selbst zu achten. Manchmal kommt das im Alltag leider zu kurz. Achten wir zu wenig auf die eigenen Bedürfnisse, so merken wir bald, dass wir uns erschöpft oder ausgebrannt fühlen.
Wenn uns ein Erschöpfungsgefühl ereilt, so fällt es schwer, energievoll die Bedürfnisse anderer wahrzunehmen. Deshalb sollten wir uns zwischendurch immer wieder die Zeit nehmen, um auf den eigenen Körper zu hören. Was brauchen wir? Was wünschen wir uns?
Haben Sie keine Scheu davor, sich selbst mit Ihren Wünschen und Bedürfnissen regelmäßig in den Mittelpunkt zu stellen. Nehmen Sie dabei bewusst all jene Dinge wahr, die Ihnen besonders viel Freude, Kraft und Energie schenken.
Tanken Sie Ihren Körper mit solchen Kraftmomenten auf und geben Sie sich auch die Zeit, um bewusst Ruhe zu genießen. Beginnen Sie schon den Morgen freudig und lustvoll, denn dann kann auch der restliche Tag ähnlich verlaufen. Erkennen Sie Ihre Stärken und zeigen Sie den Mut, diese gezielt einzusetzen. Das macht nicht nur Sie selbst glücklich! Auch andere werden von Ihrer Motivation und Ihrer positiven Einstellung gepackt!
Es folgen nun einige Impulse, die bestimmt teilweise einfach oder altbekannt scheinen. Doch sehen Sie es als Erinnerung, Aufforderung und Ermutigung, diese zu verinnerlichen und je nach Bedürfnis bewusst durchzuführen.
Wer Kraft und Energie, Optimismus und Motivation in sich trägt, kann das auch mit Leichtigkeit und Authentizität an die Kinder weitergeben.

„Gib jedem Tag die Chance, der schönste deines Lebens zu werden."

(Mark Twain)

Mein persönlicher Stärken-Tag

Jeder hat persönliche Stärken – jeder kann diese unterschiedlich nutzen. Gewiss kennt auch jeder das Gefühl: Dinge, die man gerne macht, aus einer tiefen Leidenschaft heraus, die macht man auch richtig gut – die gelingen immer! Und außerdem bereiten sie richtig Freude!
Schenken Sie sich und Ihren Kindern doch einmal so einen Stärken-Tag. Kehren Sie dafür in sich und überlegen Sie, was Sie besonders gerne machen und wie Sie diese Stärke einmal bewusst in Ihrem Kita-Alltag einbauen könnten. Vielleicht singen, backen oder tanzen Sie gerne? Sie spielen Geige oder sind begeisterte Fußballerin? Dann teilen Sie die Freude an Ihrer Leidenschaft und Stärke doch auch mit anderen.
Überlegen Sie sich für Ihren Stärken-Tag etwas Besonderes, wie sich Ihre Leidenschaft in der Kita lustvoll mit den Kindern umsetzen lässt. Vielleicht mit einem Kita-Fußball-Turnier oder einer Singrunde bei einem Waldausflug? Sie werden sehen, wie schnell sich die Freude an einer lustvollen Tätigkeit mit den vielen kleinen Menschen teilen lässt.

Das kann ich wirklich gut! Das ist meine Stärke!

Das ist mir wirklich gut gelungen

Der Alltag ist gekennzeichnet durch das Sammeln von Erfahrungen. Ganz gleich wie lange wir im Berufsleben stehen: Wir lernen niemals aus! Manche gesammelten Erfahrungen sind überaus bereichernd und positiv und beflügeln uns. Andere rauben uns Kraft und Energie – deprimieren vielleicht ein Stück weit.

Nehmen Sie sich am Ende der Woche gezielt Zeit, um die positiven Erfahrungen zu sammeln und herauszufiltern. Betrachten Sie dabei auch immer ganz bewusst, was Sie selbst dazu beigetragen haben, damit etwas gelungen ist. Bestimmt jede Menge! Führen Sie sich diese Erfolge und den Weg dahin gezielt vor Augen. Nehmen Sie sich ein großes Blatt, alleine oder in der Gruppe, und teilen Sie es in zwei Spalten auf. Tragen Sie nun zuerst alle guten und positiven Erfahrungen der vergangenen Woche ein. Überlegen Sie anschließend, wie Sie dazu beigetragen haben, dass diese möglich wurden und tragen Sie dies in der Spalte daneben ein. Das müssen keine großen Kunststücke sein, häufig sind es ganz kleine Momente, die uns am Ende der Woche doch wieder ein Lächeln auf die Lippen zaubern können.

Auch wenn wir uns nicht immer über die Art und Weise unseres erzieherischen Handelns und unserer Haltung bewusst sind, zeigt sich doch immer wieder, dass wir mit unserem Dasein in der Begleitung der Kinder etwas Positives hinterlassen können. Und das ist doch das Schönste an unserer Berufung!

Gedankenkurzurlaub

Kennen Sie das Gefühl, dem Alltag auf der Stelle entfliehen zu wollen? Am liebsten ganz alleine auf einer Insel der Ruhe zu sein – fernab von Trubel und Lärm? Bestimmt hat jeder schon mal ähnlich empfunden.

Fassen Sie den Mut für eine Auszeit-Gedankenreise zwischendurch. In Gedanken ist man schnell an einem Wunschort – ohne lange Anfahrtszeit. Denken Sie dabei an ein besonders schönes Ferienerlebnis, bei dem Sie vielleicht gerade entspannt am Strand liegen und dem Rauschen des Meeres lauschen oder hoch oben in den Bergen sich den Wind um die Nase pusten lassen. Schließen Sie die Augen, wenn Sie den Gedanken eingefangen haben, denn das vertieft die Gedankenreise.

Solche zweiminütigen Kurzurlaube sind oft herrlich energiebringend. Gerade in Zeiten, wo man das Gefühl hat, vom Stress erdrückt zu werden. Haben Sie keine Scheu davor, zwischendurch mal eine Erholungsreise in Gedanken anzutreten.

Sprechen Sie sich in stressigen Zeiten vorab auch mal mit Kolleginnen ab, damit Sie sich Ihre kurze „Zwei-Minuten-Erholungspause" einrichten können.

Ich bin dann mal weg!

Wassertrinkpause

Wasser belebt, aktiviert unseren Stoffwechsel und gibt uns Kraft! Ein gesunder Erwachsener sollte täglich eine Wassermenge von zwei bis drei Litern zu sich nehmen.

Manchmal vergisst man die wichtige Trinkpause und erkennt am Ende des Tages erst, wie wenig Wasser man getrunken hat.

Machen Sie sich das Wassertrinken schmackhaft. Besorgen Sie sich dafür ein besonderes Glas, das Sie anspricht, und schreiben Sie darauf mit Glasmalstiften das Wort „Trinkpause".

Nehmen Sie sich gezielt vor, zu jeder Stunde mindestens ein Trinkpause-Wasserglas zu trinken. Machen Sie auch das bewusste Trinken zu einem beruhigenden, sinnlichen Erlebnis – zu einer Pause. Trinken Sie dabei langsam Schluck für Schluck und fixieren Sie einen Entspannungseindruck mit den Augen, zum Beispiel den blühenden Baum im Garten.

Sie werden bald merken, wie positiv und kraftvoll der Körper darauf reagiert.

Achten Sie auch bei den Kindern darauf, dass sie ausreichend Flüssigkeit zu sich nehmen. Nicht alle Kinder lassen sich für das Wassertrinken begeistern. Vielleicht kann ein besonderer „Zauberwasserkrug" helfen, um Wasser auch für die Kinder schmackhaft zu machen.

Wasser belebt!

Mein persönliches Energiesymbol

Manche Impressionen verleihen Energie und Kraft. Setzen Sie diese Kraftquellen auch im Berufsalltag als Hilfs- und Unterstützungsmittel für sich selbst ein, wenn Sie ein Bedürfnis danach verspüren.

Machen Sie ein Foto von Ihrem Energiesymbol. Vielleicht ist es Ihr schöner Rosenstrauch im Garten, ein Familienfoto oder auch ein selbst gemaltes Bild.

Hängen Sie Ihr individuelles Kraft-Bild an einem Ort Ihres Beliebens auf. Das muss nicht für alle zugänglich und sichtbar sein. Es kann auch auf der Innenseite des Spinds oder in einer persönlichen Schublade angebracht werden.

Schnell kann man sich durch das Betrachten des persönlichen Bildes für den Alltag ein Stück Energie und Kraft holen.